Zu diesem Buch

Was wie ein gleichermaßen fesselnder und poetischer Roman in Briefen anmutet, ist in Wahrheit das Kunstwerk eines Lebens. Denn es handelt sich um authentische Briefe, die um die Jahrhundertwende ein junges Mädchen aus reichem Hanseatenhaus an eine Freundin schrieb – eine Beichte unter vier Augen, die erst nach langem Zögern und mit verändertem Namen der Öffentlichkeit übergeben wurden. 44 Jahre lang hütete Marga ihre Briefe in verschnürten Päckchen, ehe sie den Mut fand, die Bündel zu öffnen und sich schließlich einer Veröffentlichung nicht länger zu widersetzen. In diesen «Herzensergüssen eines Mädchens, freilich eines mit großer natürlicher Darstellungskraft, scharfem Blick und treffendem Witz begabten Mädchens», wie Hans Harder Biermann-Ratjen in seinem Nachwort schreibt, ist die Atmosphäre einer versunkenen bürgerlichen Epoche lebendig geblieben. Im Mittelpunkt dieser Selbstdarstellung steht der Verzicht auf die große Liebe, hingenommen und ertragen mit einer stillen Noblesse, die an die Haltung Fontanescher Frauengestalten erinnert. Eine Liebesdichtung von bezaubernder Anmut und ein menschlich wie kulturgeschichtlich faszinierendes Dokument, von dem Thomas Mann bekannte, daß er es an «mehreren Abenden mit zunehmender Rührung» gelesen habe.

Marga Berck (eigtl. Magdalene Pauli) wurde am 4. November 1875 als Tochter eines hanseatischen Großkaufmanns in Bremen geboren. 1896 heiratete sie den späteren Direktor der Hamburger Kunsthalle, Gustav Pauli. Der Ehe entstammten eine Tochter und zwei Söhne. Gustav Pauli starb bereits 1938, sie selbst starb, nahezu 95 Jahre alt, am 5. August 1970 in Hamburg.

Das vorliegende Buch erschien auch als Großdruck-Ausgabe (Nr. 33105).

Marga Berck

Sommer in Lesmona

Mit einem Nachwort von
Hans Harder Biermann-Ratjen

Rowohlt

34. Auflage Januar 2001

Veröffentlicht im Rowohlt Taschenbuch Verlag GmbH,
Reinbek bei Hamburg, Januar 1964
Copyright © 1951 by Christian Wegner Verlag, Hamburg,
© 1977 by Nymphenburger Verlagshandlung, München,
mit Genehmigung der F. A. Herbig Verlagsbuchhandlung GmbH, München
Umschlaggestaltung Susanne Heeder
(Gemälde von P. S. Krøyer «Die Frau des Künstlers
im Liegestuhl in ihrem Garten» / Skagens Museum)
Gesamtherstellung Clausen & Bosse, Leck
Printed in Germany
ISBN 3 499 11818 1

Le livre de la vie est le livre suprême
Qu'on ne peut ni relire, ni fermer à son choix.
Le fatal feuillet se tourne de lui-même
Et le passage adoré ne se lit pas deux fois.

Lamartine

Freitag, den 30. Juni 1893
Bremen

Liebe einzige Bertha!

Was ist alles passiert, seit wir uns heute früh um 8 Uhr am Bahnhof in Lübeck trennten! Das Letzte, was ich von Dir sah, war, wie Du zwischen Tante The und Tante Martha auf den anderen Bahnsteig geführt wurdest. Du drehtest Dich noch einmal zu mir um und zucktest die Achseln zum Zeichen, daß Du Hans nicht entdeckt hättest. Ich sah bis zuletzt aus dem Fenster, ob er noch irgendwo stände, denn er hatte doch versprochen, mich noch wegfahren zu sehen.

Als der Zug abfuhr und ich gerade den Kopf wieder hereinziehen will, winkt er aus dem Nachbar-Coupéfenster. Du kannst dir meinen Schreck denken. Natürlich wußte ich sofort, daß irgend etwas passieren würde. An der ersten Station, wo der Zug hielt, kam der Schaffner mit einem Rosenstrauß und fragte, ob der Herr von nebenan wohl hereinkommen dürfe, dann würde er dies Schild «Frauen» in «Nichtraucher» umklappen. Natürlich sagte ich, er möchte nur hereinkommen, und schon war er da. Er sah wirklich ganz glänzend aus. Ich war aber so wahnsinnig verlegen, daß ich gar nicht sprechen konnte. Zuerst sagte er, er wollte mir nun beichten, daß Edda von K. ihm von unserem Aufenthalt in Lübeck geschrieben hätte, deshalb sei er sofort am ersten Nachmittag bei uns vorbeigeritten. Seine Eltern hätten uns auch an dem Nachmittag in Travemünde gesehen und würden uns gern begrüßt haben, aber Du und ich wären ja wie zwei Gefangene zwischen den Tanten nach der anderen Seite abgeführt worden. Dann fragte er, ob die Tanten Roesner was davon gemerkt hätten, daß wir beide mit ihm in der Konditorei gewesen wären, und solche Sachen mehr. Dann redete er von Carly. Eigentlich schwieg ich immer, weil ich solche Angst hatte. Er saß mir gegenüber. Plötzlich setzte er sich zu mir und sagte: «Wissen Sie auch, daß ich mich vor einem Jahr schon in Sie verliebte, als ich, mit Strahlendorff von Carly eingeladen, bei Ihnen in Bremen wohnte? Sie waren da ja so süß und so

7

frech, und ich dachte, daß ich keine andere Frau heiraten möchte.»

Liebe, liebe Bertha, ich dachte immer, wenn Du doch nur da wärest und mir helfen könntest! Seine Augen waren sehr blau, aber sonst weiß ich wenig von seinem Gesicht. Natürlich merkte er, wie furchtbar verlegen ich war. Da sagte er, ich sollte doch keine Angst vor ihm haben, wir hätten uns doch in Bremen so gut verstanden, und ob es mir denn ein schrecklicher Gedanke sein würde, wenn er mich fragte, ob ich seine Frau werden wollte. Ich sagte: «Herr W., ich bin siebzehn Jahre, ich glaube, mein Vater wird furchtbar böse.» Er sagte, das sollte ich nur *ihm* überlassen, und das wollte er schon alles über Carly machen. Da sagte ich, das sei *ganz* verkehrt, denn Carly wollte nichts davon wissen, daß ich mich verlobte. Da meinte er lachend: «Also an sich sind *Sie* einverstanden und weisen mich nicht ab?» Ich sagte: «Ich weiß es nicht, ich habe es mir noch gar nicht überlegt.» Dann zog er meine langen gelben Handschuhe aus und fing an, die innere Hand und den Arm zu küssen. Denke Dir, *das mochte ich nicht,* und ich zog die Hand rasch weg.

Nun redete er wieder anderes Zeug, und ich sollte mich erst mal beruhigen und von Dir erzählen. Darüber war ich sehr erleichtert und erzählte, daß ich jetzt fünf Wochen bei Euch in Darneelen war, nun drei Tage in Bremen bliebe, dann die Eltern in Wildungen abholen würde und mit ihnen nach Kreuth reisen. Er ließ sich die Adressen in Wildungen und Kreuth sagen und schrieb sie auf. Nun sah ich nach der Uhr und sagte: «Wir haben jetzt noch 20 Minuten bis Hamburg, in Hamburg steht Frau Georgi und holt mich ab, sie bringt mich dann auf den anderen Bahnhof, und Sie dürfen nicht mit mir dort aussteigen.» Er sagte: «Wo soll ich denn bleiben, ich kann doch nicht aus dem Fenster springen?» Ich sagte: «Nein, Sie müssen einfach kurz vorher ins Closett gehen, Frau Georgi darf Sie nicht sehen. Ich habe schreckliche Angst vor meinem Vater.» Nun fing er wieder von Verloben an. Ich sei ja noch sehr jung, aber wir könnten ja ein Jahr warten. «Nein», rief ich, «das will ich nicht, denn ich weiß gar nicht, ob ich Sie in einem Jahr noch mag.» Da sagte er: «Also, Marga, heute mögen Sie mich?» Mir wurde ganz übel, und ich sagte: «Ja, ich mag Sie sehr gern, und in Lübeck fand ich das alles sehr schön mit dem Treffen und so, aber mein Vater wird es nicht erlauben, daß wir uns verloben.» Da fing er wieder an, mit meiner Hand zu spielen. Dann sagte er: «Ich muß als anständiger Mann bei Ihrem Vater um Sie anhalten, nachdem ich Sie hier jetzt sozusagen mit meinem Antrag überfallen habe.» Ich war so hilflos und dachte immer: «Wenn er doch nur erst im Closett wäre!» Diese Dringlichkeit konnte ich gar nicht ausstehen. Er fand mein blaues Kleid so hübsch, und daß es mir so gut stände. Plötzlich fiel mir dabei ein, wie böse Du warst, als ich heute früh um 6 die Kleider anprobierte, um zu sehen, welches mir besser stände, und wie ich mich für ihn schönmachen wollte. Als ich das dachte, mußte ich lachen, und er fragte: »Warum lachen Sie denn, bitte, bitte, sagen Sie es mir doch.« Da habe ich es ihm erzählt, und er sagte ganz selig: «Sehen Sie, das ist doch ein Zeichen, daß Sie mich gern haben, wenn Sie sich für mich hübsch machen wollten, also ich schreibe *doch* Ihrem Vater.» «Um Gottes willen», rief ich, «wir sind gleich in Hamburg, gehen Sie bloß ins Closett!» Er war sichtlich geknickt, küßte meine beiden Hände und verschwand im Clo. Er war aber viel zu früh hineingegangen, und ich überlegte immer, ob ich ihn nicht wieder rausholen sollte, aber das mochte ich auch nicht.

Endlich, endlich waren wir in Hamburg, und Frau Georgi stand direkt vor meinem Coupé. In Bremen war Wilhelm auf dem Perron und sagte, es wäre noch eine Überraschung im Wagen. Da dachte ich's mir schon und sah auch sofort beim Herauskommen Prinz und Pieter mit den Vorderpfoten über dem heruntergeschlagenen Verdeck des Wagens liegen, mit gespitzten Ohren und wahnsinnig aufgeregt ausspähend, wer von uns nun wohl kommen würde. Ich pfiff *ein*mal unseren Pfiff, und sofort fing das Geschrei an. Als ich in den Wagen stieg, saßen mir beide am Halse. Ich konnte sie kaum beruhigen.

Zu Hause vor der Tür standen Linsche, Johanne und Anna, und ich fühlte mich so geborgen nach dieser furchtbaren Reise mit Hans. Und nun, ehe ich's vergesse: Kutscher Heinrich sagte, daß unser eines Pferd krank sei und Euer eines ebenso – der Tierarzt weiß noch nicht, was es ist. Aber da sie im selben Stall stehen, scheint es eine Infektion zu sein. Franck hat nun Heinrich für die paar Tage, die ich hier bin, Euer gesundes Pferd zur Verfügung gestellt. Hoffentlich ist das Deinem Vater recht? Ich reise ja nun schon gleich wieder ab, aber ich sage es ihm jedenfalls. Linsche und ich aßen schon um 12 Uhr zu Mittag, weil ich so hungrig war. Die gute Johanne hatte Hammelkoteletten gemacht, damit ich den Hunden gleich die Knochen geben könnte. Eure rührende Frieda hatte Prinz herübergebracht und mir sagen lassen, daß ich ihn bis zu meiner Abreise behalten dürfte. Nach Tisch packte ich mit Linsche aus und ein, und ich erzählte ihr alles mit Hans. Sie sagte dauernd: «O Gottogott, was wird Herr Konsul sagen, Du armes Kind, aber Du hast ja eigentlich nichts Böses getan!»

Um 4 ging ich zu Onkel Herbert ins Kontor und meldete mich zurück. Die Hunde hatte ich draußen angebunden.

Nun soll dieser Brief erst mal weg, damit Du alles von Hans erfährst. Ich war erst noch bei Eurer Frieda und gab ihr das Geld von Deiner Mutter. Deinen Eltern schreibe ich später, ich bin heute zu aufgeregt.

Eigentlich wollte ich ja gar nicht, daß Hans an Papa schreibt, aber es war alles so verworren. Ich weiß selbst gar nicht, ob ich ihn will oder nicht, und ich kenne ihn ja kaum. Schreibe mir nun sofort nach München, Hotel Vierjahreszeiten, weil ich ja nur zwei Tage in Wildungen bleibe.

In inniger Liebe
Deine Matti

Bremen, den 1. Juli 93

Liebe einzige Bertha!
Heute früh war ich bei Dr. F., und er plombierte mir drei Zähne. Immer, wenn ich schrie, sagte er: «Ja, ja, Sie sind mein Mäusekönig, mein lieber kleiner Mäusekönig.» Das fand ich frech, denn ich bin durchaus nicht sein Mäusekönig. Aber er hat wieder so viel betäubt, daß wir uns alles von ihm gefallen lassen müssen. Dann fuhr ich mit unserem Wagen mit Prinz und Pieter nach Lesmona. Du glaubst nicht, wie die beiden Hunde draußen mit Mohr auf dem Rasen getobt haben. Um 5 Uhr fuhr ich zurück. Onkel Herbert und Fräulein Kaiser waren rührend zu mir. Die Hunde haben beide Nächte in meinem Zimmer geschlafen, und morgens kamen sie auf mein Bett.

Nun wird in Wildungen die Bombe platzen. Linsche weint schon jetzt vor Angst! Denke an mich und schreibe bald.

In inniger Liebe
Deine Matti

Bad Wildungen, den 4. Juli 93
Bade-Logierhaus

Liebe einzige Bertha!
Also Anna und ich fuhren gestern nach Wildungen, und ich erzählte Anna alles von Hans. Sie sagte, es wäre ganz entsetzlich, und Papa würde furchtbar toben. Sie ist nun auch schon zehn Jahre bei uns, und ich kann ihr ruhig alles anvertrauen.

In Wildungen war keiner an der Bahn. Wir fuhren sofort ins Bade-Logierhaus. Ein Kellner brachte uns zu den Eltern ins Wohnzimmer. Mama schickte Anna gleich mit meinem Gepäck in mein Zimmer und sagte, sie sollte schon auspacken. Weder sie noch Papa gaben mir die Hand. Dann legte Papa los: «Ich habe heute morgen einen Brief bekommen von einem Herrn H. W. aus Lübeck, der um deine Hand anhält, er hätte dich in der Bahn getroffen. Das ist doch gar nicht möglich, Tante Martha und Tante The haben dich doch in ein Frauen-Coupé gesetzt, wie verabredet war. Antworte!» brüllte er mich an. Ich: «Er kam trotzdem an der ersten Station herein.» Papa: «Du bist 17 Jahre, du bist wohl verrückt, es ist ja eine Schande, daß dieser Mensch dich da so überfällt und sich das alles hintenherum von Edda sagen läßt. Jetzt antworte die Wahrheit, hat er gewagt, dich zu küssen?» Ich: «Das hat er nicht getan.» Das schien ihn irgendwie zu beruhigen, aber er wetterte sicher noch eine Viertelstunde weiter. «Du mußt ihm aber doch Hoffnung gemacht haben, denn sonst hätte er mir doch nicht geschrieben. Antworte!» Ich sagte, ich hätte es mir ganz schön gedacht, mich mit ihm zu verloben. Dann fragte er, wie oft und wo wir ihn sonst noch getroffen hätten, und ich log, nur einmal in der Stadt. Zum Schluß sagte er, er hätte ihm einen Brief geschrieben, den er wohl nicht gern zweimal lesen würde, und es wäre eine Gemeinheit, ein siebzehnjähriges Mädchen zu überfallen. Dann kam die entsetzliche Frage, *wo* er denn geblieben wäre, als Frau Georgi mich empfangen hätte. Ich sagte, für den Augenblick wäre er ins Closett gegangen. Als ich das sagte, drehte Mama sich rasch um und sah aus dem Fenster, und ich merkte, daß sie lachte. «So», sagte er, «jetzt gehst du zu Bett, und wir wollen dich heute nicht mehr sehen, und du bekommst kein Abendbrot.»

Ich war froh, als ich mit Anna in meinem Schlafzimmer war. Mama schickte mir ein Glas Milch, und Anna gab mir die herrlichen Schinken- und Wurstbrote aus unserem Reisekorb. In Richtung der Tür steckte ich oft die Zunge heraus. Ich schlief wunderbar, und am anderen Morgen wurde ich von Anna geweckt, die gleich mit meinem Frühstück hereinkam: Herr Konsul ließe sagen, ich sollte heute auf dem Zimmer frühstücken und nachher ins Wohnzimmer kommen.

Mittlerweile war ich wütend geworden, denn was hatte ich denn nun eigentlich getan! Ich ging also um 1/2 10 herüber. Da sagte Papa ohne Guten Morgen: «Wir fahren heute mit dem Wagen des Grafen Pappenheim zur Eder und kommen erst gegen 6 wieder, du kannst hier bei Anna bleiben. Es wäre ein Platz im Wagen für dich frei gewesen, aber ich muß mich erst beruhigen und will dich heute noch nicht sehen. Ich frage dich nun heute noch einmal sehr ernsthaft, hat dieser Mensch dich geküßt?» Da wurde ich plötzlich wild und sagte: «Leider nein.» Damit rannte ich aus der Tür und warf sie hinter mir zu. Dann lief ich rasch in mein Zimmer zu Anna und sagte: «Ich will Papa nicht mehr sehen. Ich laufe jetzt zum Kopfwaschen zum Friseur, und bis ich wieder da bin, sind sie ja wohl weggefahren.» Anna sagte, Mama hätte schon sehr besorgt gefragt, ob ich viel weinte, und ich beschwor Anna, von jetzt ab immer zu sagen, daß ich unentwegt schluchzte. Als ich vom Friseur wieder heraufkam, war der Wüterich noch nicht weg, und ich stürzte sofort zu den Bädern herunter und bestellte mir ein Fichtennadelbad. Nachher waren sie Gottseidank weg, und ich beschloß, mir einen guten Tag zu machen.

Zuerst lief ich zum Tennisplatz und sah zu, wie die Engländer und Holländer spielten. Da traf ich die zauberhafte Mrs. Goodridge aus London, die wir hier früher schon trafen und die Papa aus England kennt. Wir haben lange zusammen geredet. Ihr Mann ist englischer Marineoffizier. Dann ging ich in den Bazar und kaufte für Dich und für mich zwei rote Ledergürtel, todchic, die werden zu unseren weißen Kleidern gut aussehen. Ich schicke ihn morgen an Dich ab. Dann aß ich an der gräßlichen langen Table d'hôte mit lauter fremden Menschen zu Mittag. Ich hatte mir ausgedacht, nach Tisch mit Anna einen Einspänner zu nehmen und uns einen lustigen Tag zu machen. Von meinem Reisegeld hatte ich noch 23 Mark. Wir fragten den Kutscher, wo es den besten Kaffee gäbe. Da fuhr er einen herrlichen Weg zum Waldschlößchen, wo wir Kaffee tranken und Butterkuchen aßen. Es war ganz wunderbares Wetter. Zwischendurch dachte ich oft an Hans und seine blauen Augen und daß es traurig wäre, ihn nicht wiederzusehen. Aber eigentlich fühlte ich innerlich, daß ich ihn gar nicht liebte.

Gottseidank geht es übermorgen nach München, und dann schreibe ich Dir aus Kreuth, wo ich hoffentlich einen Brief von Dir finde.
In inniger Liebe
Deine Matti

Bad Kreuth b. Tegernsee
den 10. Juli 93
Liebe einzige Bertha!
Wie froh war ich, einen so lieben Brief von Dir hier vorzufinden. Du hast ganz recht, es war von Hans nicht richtig, daß er mich so überrumpelt hat. Wir wollen nun froh sein, daß es mit der Sache zu Ende ist.

Nun sind wir wieder im geliebten Kreuth, das doch meine zweite Heimat ist. Immer wenn ich die Blau-Berge ansehe und ihre wunderbare Linie oben gegen den Himmel, dann werde ich ganz andächtig. Nirgends so wie hier kann ich an alles das denken, was Pastor Portig uns beiden beim Abschied gesagt hat. Ich ging auch sofort in die kleine Kapelle mit den weißen Holzbänken. Wenn man hinter den Altar geht, liegt da in einer Grotte, aus Wachs modelliert, Christus im Sarge. Es erschüttert mich immer wieder so, wie Du es Dir gar nicht vorstellen kannst.

Nun laß Dir aber zuerst noch für Deinen Brief nach München

danken, der mir hierher nachgeschickt wurde. Es ist doch nicht zu blasen, daß Papa die Sache mit Hans Deinem Vater noch geschrieben hat und daß Du auch noch ins Verhör genommen wurdest. Es ist ja ein wahrer Segen, daß Du B. nicht getroffen hast!!

Als wir ankamen, standen alle Freunde vorm Eingang und winkten. Das Zimmer voller Alpenrosen. Am meisten bin ich wieder mit Tina Valckenberg zusammen, wir treffen uns nun schon seit zehn Jahren. Die Eltern sind rührend zu mir, als wollten sie wieder etwas gutmachen.

Was Du mir von Mühlenbruchs erzählst und alles das hat mich sehr gefreut. Es war doch für Dich eine Abwechslung.

Es küßt Dich in Liebe
Deine Matti

Bad Kreuth b. Tegernsee
den 17. Juli 93

Liebe einzige Bertha!

Leider sind Lindequists wieder abgereist. Aber statt dessen ist die Gräfin P. mit ihrem 26jährigen Sohn Egon eingetroffen. Er war krank und soll sich hier erholen. Er ist Oberleutnant in einem bayerischen Garderegiment und sieht sehr rassig und vornehm aus, sehr mager und brünett. Zuerst nannte er mich gnädiges Fräulein, nach drei Tagen Fräulein Berck, dann Fräulein Marga und jetzt Marga. Seine Eltern sind sehr reich. Die Mutter hat ein Gut in der Pfalz, und in München haben sie ein sehr schönes Haus. Sicher wäre Papa selig über eine solche Partie. Aber ich bin ganz unbeteiligt, obwohl ich ihn reizend finde. Er und ich haben die Eltern mit ihrem Anschluß «die Alte Garde» getauft, was sie aber nicht wissen dürfen. Wenn «die Alte Garde» spazierengeht, gehen Egon und ich ein Stück hinterher, aber nie ganz allein. Er ist irgendwie sonderbar, manchmal würde ich denken, ein bißchen verrückt. Übrigens hat er sein ganz entzückendes Pferd mit hier und reitet jeden Morgen. Das Pferd heißt Stella. Seit er weiß, daß ich jeden Morgen mit Anna nach den Sieben Hütten gehe, um dort ein Glas Ziegenmilch zu trinken, reitet er den unteren Weg hin. Dann bringe ich Stella Zucker, und wir reden 5 Minuten zusammen. Gestern sagte er: «Können Sie denn das Frauenzimmer, die Anna, die Sie immer bewacht, nicht zu Hause lassen? Dann könnten Sie doch den unteren Weg zurückgehen, und ich würde nebenherreiten.» «Nein», sagte ich, «das würden meine Eltern nicht erlauben.»

Wir sind nun fortwährend zusammen, und die Freundschaft wächst. Er hat eine ebenso große Tierliebe wie ich, und wir sind täglich morgens bei der rührenden Eselin Flora, auf der ich schon als Kind geritten bin. Sie kennt mich ganz genau. Denke Dir, dann nimmt er immer das Eselsohr, wenn ich bei ihr anbucke, und streicht mir mit dem Ohr durchs Gesicht. Als er das gestern so intensiv tat, sagte ich: «Warum wischen Sie mir eigentlich immer mit dem Eselsohr das Gesicht ab?» Da antwortete er: «Verstehen Sie das denn nicht? Können Sie das denn wirklich nicht verstehen?» «Nein», sagte ich, «das kann ich nicht verstehen.» Er darauf: «Aber Marga, ich kann *Sie* doch nicht streicheln, also tue ich es mit dem Ohr dieses guten Tieres. Was gibt es wohl Weicheres und Wärmeres als dieses Ohr?» Ich sagte: «Ach, so meinen Sie das, aber etwas sonderbar ist es doch wohl, denn wenn ich denke, Sie würden Mélanie Bredlin damit durchs Gesicht wischen, dann wäre es doch überhaupt undenkbar.» Da sagte er ganz ärgerlich: «Wie können Sie denn Mélanie Bredlin mit sich vergleichen?» – Diese Mélanie ist ein bildhübsches, sehr elegantes Mädchen, die ich aber nicht ausstehen kann. Sie ist sehr affig und eingebildet.

Ich sehne mich sehr nach einem Brief von Dir und bin in Liebe
Deine Matti

Bad Kreuth, den 20. Juli 93

Liebe liebste Bertha!
Tausend Dank für Deinen lieben Brief! Ich habe alles verschlungen, was Du schreibst. Natürlich finde ich es ganz richtig, daß Du zu Deinem Bruder und zu der armen Frau hältst. Wie hart ist Dein Vater, und wie schwer ist es für Dich, dazwischen zu stehen!

Nun schreibst Du, Du brennst, zu wissen, wie es hier weitergeht. Also ich will Dir alles erzählen. Er ist dauernd mit mir zusammen, und die Eltern sind selig. Wie gern würden sie mich als Gräfin P. sehen, aber ich fürchte, daß ich ihnen die Freude nicht machen werde.

Nun muß ich Dir etwas Rührendes von der Mâri erzählen, das ist die etwa 40jährige Sennerin an den Sieben Hütten, die wir alle lieben. Neulich, als Egon weggeritten war und ich die Milch noch bei ihr trank, sagte sie: «Na, na, Marga, da sei'n S' nur a bisserl vorsichtig, daß Sie Ihr Herz net verlirn, denn *er* ist doch schon ganz nârisch.» Ich lachte und sagte, ich wäre gar nicht nârisch, und ob sie dächte, daß er der Richtige für mich wäre? Da sagte sie: «Offen geschtand *nei* – er ist so a gütiger Mensch, er würd Ihnen kein Haar net krümmen, aber irgendwo is er halt doch a Sonderling. Ich denk, die Marga müßt a bisserl Schtabiler'n hab'n.»

Also nun sind hier die zwei Bänke zu je zehn Plätzen, die rechts und links von der Glasveranda stehen, von ganz besonderem Interesse für die Stammgäste. Wehe dem Fremden, der sich ahnungslos nachmittags auf diese Bänke setzen würde! Die eine Bank wird von unserer Alten Garde besessen und die andere von Valckenbergs und deren Freunden. Wir haben dort jeden Tag 4-Uhr-Tee – nur bei Regen in der Wandelhalle. Gestern saßen Vincentis und die Gräfin P. schon unten mit den Eltern, während ich noch oben war. Diese Bank ist direkt unter unserem Wohnzimmer. Mit einem Male höre ich unten so ganz unterdrückt, aber *ganz furchtbares Lachen*. Ich bleibe hinter der Gardine stehen, weil ich meinen Namen zu hören glaubte. Richtig! Nochmal «Marga» und plötzlich «Hans W.» und «Closett». Die Gräfin hielt sich den Bauch vor Lachen. Mama hatte ihnen alles erzählt, und das war doch schändlich. Ich schrie sofort nach Anna und sagte, sie möchte Mama bestellen, ich wäre nach Dorf Kreuth gegangen und tränke heute keinen Tee. Das ist an sich etwas Undenkbares, daß ich allein wegbüchse, aber ich war zu wütend.

Ich ging hinten raus, und als ich über den Hof gehe, ruft Egon aus dem Parterrezimmer, dessen Fenster nach hinten ist: «Ja, Marga, wo laufen S' denn hin?» Ich: «Ich will nicht mit der Alten Garde zusammen sein, ich bin wütend und gehe allein weg.» Mit einem Satz sprang er durchs Fenster und war neben mir. «Nana, allein gehn S' net, ich geh natürlich mit.» Also flüchteten wir hintenrum vom Plateau weg, und er sagte, wir wollten nun gerade nicht nach Dorf Kreuth, weil die Alte Garde dorthin mir nachgehen würde. So bogen wir rechts ab in die Langenau, und es war wunderbar so ohne Begleitung. Da flog mir eine Fliege ins Auge, und ich wühlte mir fast das Auge heraus. Egon wurde ganz böse und sagte, jetzt wollte *er* es machen. Er schob vorsichtig mit dem Finger die Fliege heraus. Als er so dicht vor meinem Gesicht herumwurschtelte, wurde mir etwas schummerig. Dann sagte er: «Das war eben sehr schwierig für mich.» Ich sagte: «Wieso, Sie haben die Fliege doch ganz schnell und geschickt herausgemacht.» Da sagte er: «Ach, Sie Kind, Sie verstehen das nicht, *mal* kann es ja auch mit der Zurückhaltung zuviel werden.»

Die Eltern haben den Grund zu meiner Flucht richtig erkannt und haben nachher nichts gesagt.

Für heute Schluß, meine liebe gute Bertha, und immer in Liebe
Deine Matti

Bad Kreuth, den 23. Juli 93
Meine liebste liebe Bertha!
Tausend Dank für einen Brief und zwei Karten. Du willst nun möglichst täglich wissen, was sich hier ereignet, aber es ist eigentlich gar nicht so sehr interessant, weil ich innerlich unbeteiligt bin.

15

Abends nach dem Abendessen gehen wir immer noch einmal ums Plateau, und wenn die Sterne da sind, erklärt Egon sie mir. Ich kann den Großen und den Kleinen Bär, die Cassio Peja, den Jupiter und viele andere finden. Gestern war Mélanie Bredlin mit uns. Plötzlich geht eine Sternschnuppe herunter. Sie schreit: «Schnell was wünschen!» Ja, das tat ich. «Na», fragte Egon, «Fräulein Bredlin, was haben Sie sich denn eben gewünscht?» Sie sagte: «Eine Nähmaschine.» Ich fand das ganz furchtbar dumm. Wie kann man sich wohl von den Sternen eine Nähmaschine wünschen! Als er mich fragte, sagte ich, den Wunsch dürfe man nicht verraten, sonst würde er nicht erfüllt. Am anderen Morgen, als ich bei den Sieben Hütten seinem Pferde Zucker gab, fragte er sofort ganz furchtbar dringlich nach meinem Wunsch. Ich kann ja schwer jemand etwas abschlagen und sagte dann sehr verlegen: «Wenn Sie es durchaus wissen wollen, ich habe mir gewünscht, daß endlich mal die Liebe zu mir kommt, ich kann nämlich mit dem besten Willen nicht lieben!» Er sah mich einen Augenblick ganz verstört an, und dann sagte er: «Sie sind doch ein ganz furchtbar süßes, rührendes kleines Mädchen.»

Ein anderes Mal gehen wir durch ein Kornfeld. Er schneidet mit dem Messer zehn Ähren ab und sagt: «Die schenke ich Ihnen nachher, wenn ich einen Faden drum gebunden habe, die halten sich länger als Rosen, und Sie können sie immer behalten, aber Sie müssen mir jetzt auch zehn Ähren abschneiden.»

Dann mußte ich ihm einmal auf der Hohlenstein-Alpe in die Hand versprechen, ihm immer die Wahrheit zu sagen. Er sagte: «Heute geht es nur darum, daß ich wissen will, ob Sie lieber mit Valckenbergs – (die mich eingeladen hatten) – nach Tegernsee wollen oder mit der Alten Garde und mir nach dem Achensee.» Ich wollte lieber mit Valckenbergs nach Tegernsee. Er war sehr enttäuscht, aber er sagte: «Ich weiß jetzt, daß Sie die Wahrheit sagen, und die müssen Sie mir auch sagen, wenn es um ernstere Fragen geht.» Solche Dinge häufen sich, aber ich bin innerlich ganz ruhig.

Bald mehr. Ich bin heute in Eile.

In Liebe
Deine Matti

Bad Kreuth, den 27. Juli 93

Liebe einzige Bertha!

Du fragst, was wir nur immer reden, wenn wir diese langen Stunden zusammen sind. Zuerst erzählte er viel aus seiner Kindheit und dann vom Militär, das ihn nicht glücklich macht. Ich erzählte auch aus unserer Kindheit und besonders von Dir. Seit einigen Tagen fängt er an, von Philosophie zu reden, das langweilt mich ganz entsetzlich, und ich hörte nie mehr zu. Plötzlich hat er mich wohl etwas gefragt, was ich überhört hatte und also deshalb schwieg. Da schwante ihm, daß ich gar nicht zuhörte. Er blieb stehen und sagte: «Marga, Sie hören ja überhaupt nicht zu! Sagen Sie mal ganz ehrlich, woran Sie eben gedacht haben.» Ich bat ihn, mich das nicht zu fragen, weil es mich furchtbar genierte. Aber nun fragt er *gerade*, und ich sage endlich: «Ich dachte, wie schrecklich es mich gefreut hat, daß Sie gestern so unhöflich waren zu Mélanie Bredlin, die mag ich nämlich gar nicht leiden.» Er lachte ganz furchtbar und sagte: «Der Fehler lag bei mir, wie kann ich einem 17jährigen Mädel von Philosophie erzählen.»

Dann war der alte Graf plötzlich angekommen. Egon sagte zu mir: «Er kommt nur, weil er Sie gern kennenlernen will, und er wird heute nachmittag nicht mit der Alten Garde spazierengehen, sondern mit Ihnen. Sie müssen sehr nett zu ihm sein.» Ich war ganz entsetzt. Also richtig, der alte Mann geht um fünf mit mir los und die anderen alle hinterher. Dann kam eine Art von Examen. Er fing mit Französisch an, was ich ja aus der Schweiz sehr gut kann. Ich mußte nun aus der Pension und aus Vevey erzählen, und er berichtete aus seiner Familie, die aus der Französischen Schweiz stammt. Als er nun auch noch von Literatur anfing, hatte ich es aber satt, ich sagte zu ihm: «So, nun möchte ich aber wieder mit Ihrem Sohn spazierengehen, das sind wir so gewöhnt!» Er meinte, *er* wollte auch mal mit einem hübschen jungen Mädchen spazierengehen. Ich rief aber rasch zurück: «Graf Egon, kommen Sie mal schnell hierher.» Er kam heran, und der Vater sagte lachend: «Die Kleine gibt mir eben ganz einfach einen Korb und sagt, sie wollte lieber mit dir gehen.»

Und nun muß ich Dir zum Schluß noch erzählen, daß Egon und ich zusammen in der Kapelle waren. Er wollte es so gern nach unserem Spaziergang um 1/2 7, und er sagte, dann sei niemand mehr drin. Wir gehen hinein, und da wird ganz herrlich Orgel gespielt. Zuerst das Largo von Händel, dann ein wunderbares uns unbekanntes Lied und nachher ein Choral. Wir blieben noch eine Zeitlang sitzen, als es zu Ende war, und ich betete das Vaterunser. «Dein Wille geschehe»; das ist die Hauptsache, daß man alles in *Gottes Hand* legt.

In der Kirche vor der Tür sagte er: «Es ist so schön, daß wir uns so gut verstehen», und gab mir die Hand.

Ja, diese Freundschaft ist auch sehr schön. Aber es ist doch nur ein schwacher Abglanz von dem, wie Du und ich uns verstehen.

In inniger Liebe
Deine Matti

Liebste liebe Bertha!
Heute nur ein ganz kurzer Gruß. Die alte Gräfin ist heute nach München abgereist. Sie lud uns ein, bei unserer Rückkehr in München bei ihnen Tee zu trinken. Wir sind nun noch ca. acht Tage hier mit Egon zusammen. Ich schreibe eigentlich heute nur diesen Gruß, um Dich zu beruhigen, denn ich denke gar nicht daran, mich mit ihm zu verloben. Es ist ja ganz entsetzlich, daß ich keine Liebe aufbringen kann.

Und nun tausend Grüße
von Deiner Matti

PS.
Jeden Mittag nach dem Essen geht Papa mit Egon und mir in die Schießbude zum alten Moderegger. Mir soll dort Schießen beigebracht werden, was ich auch schon sehr gut lerne. Gestern hatte ich nun auf der Karte mitten in das rote Herz hineingetroffen. Ich war sehr stolz darauf und zeigte es nachher Egon nochmal, als wir allein waren. Da sagte er: «Ja, ja, Sie können es – so haben Sie es bei mir auch gemacht.»

München, den 16. August 93
Hotel Vierjahreszeiten

Liebste liebe Bertha!
In Kreuth kam ich nicht mehr zum Schreiben. Hier regnet es nun in Strömen, und ich schreibe Dir von hier in Ruhe.

Also Egon war wirklich immer bei mir, und beim letzten Spaziergang in der Langenau sagte er: «So, jetzt bleiben wir zurück und setzen uns hier an den Wasserfall. Das habe ich mir so ausgedacht. Es wird mir sehr schwer, Ihnen etwas zu sagen, was ich vielleicht besser nicht sagen sollte. Sie sind so jung, und ich denke, es ist besser, Sie noch in Ruhe zu lassen. Sie wollen ja aber nun im nächsten Frühling nach Florenz und kommen dann durch München. Dann will ich Sie in München fragen, ob Sie noch an Kreuth und an mich denken. Ist Ihnen das so recht?» Ich war sehr erleichtert über das Hinausschieben und sagte hocherfreut: «Ja, das ist das Beste so.» Dann gab er mir fest die Hand und sah mich ernst und lange an.

Liebe, liebe Bertha, so etwas habe ich mir nun immer gewünscht, und nun, wo es da ist, bedrückt es mich. Ich kann sicher nicht lieben, denn sonst müßte ich doch wohl zum vierten Mal bei einem so wertvollen und so reizenden Menschen endlich Liebe fühlen.

Wir kamen um $^1/_2$ 7 nach Haus. Eine Viertelstunde später klopft

Babett an unserem Wohnzimmer an, wo ich mit den Eltern die Post durchlas. Babett fragt, ob der Herr Graf P. wohl in 10 Minuten heraufkommen könnte. «Jawohl, bitte», sagt Papa. Ich hatte den Eltern keine Silbe von Egons Worten am Wasserfall erzählt. Sie waren furchtbar aufgeregt in Erwartung von Egons Besuch und berieten, ob ich hinaus sollte oder nicht. Da ich doch wußte, daß er keinen Antrag machen würde, sagte ich, ich bliebe natürlich drin. Als er hereinkam, rissen beide Eltern die Augen weit auf in Erwartung eines Antrages. Da sagte Egon: «Ich habe eine große Bitte, würden Sie wohl meinen Stock und meinen Schirm mit nach München nehmen, weil ich doch mit dem Pferd zurückreite?» Die Gesichter der Eltern wurden ganz schlaff und ellenlang. Ich mußte so wahnsinnig lachen, daß ich beinahe losplatzte.

Abends waren wir zuletzt bei den Sternen auf dem Plateau. Als er mir Gute Nacht sagte, drückte er meine Hand, was er noch nie getan hatte. Am anderen Morgen fuhren wir ab. – Halb Kreuth stand wie immer und winkte. Egon ritt bis Rottach nebenher. Er schenkte mir zum Abschied keine Rosen, sondern einen großen Busch Silberdisteln. Nachdem diese Disteln uns allen die Gesichter und Hände zerpiekst hatten, ließ ich sie am Bahnhof in Tegernsee liegen. Findest Du diese Disteln nicht etwas verrückt?

Mit tausend innigen Grüßen

Deine Matti

An
Fräulein Bertha Elking, Berlin,
Hotel du Nord, Unter den Linden

Bremen, den 23. Oktober 93

Liebe einzige Bertha!
Eure fluchtartige Abreise nach Berlin ist mir erst nachträglich klargeworden. Ich konnte ja leider keine Minute mehr mit Dir sprechen, nachdem Du so aufgeregt durchs Fenster schriest, ich solle sofort herüberkommen. Als ihr weg wart, fragte ich Eure Mädchen, wann eigentlich Eure Reise beschlossen wäre, und sie sagten, gestern abend hätten die Handkoffer plötzlich herunter müssen. Da Du ein so böses Gesicht machtest und mir noch zuflüstertest, es hinge mit Martin zusammen, fing es an, langsam in mir zu dämmern. Natürlich hatten Deine Eltern Angst, daß Martin Leutnant B. wieder mitbrächte, wie letztes Mal, als Martin bei Euch wohnte. Es ist ja nicht zu blasen!

Aber nun kommt Dein Triumph: Du kannst Deinen sonst so sparsamen Eltern mitteilen, daß sie das viele Reisegeld für drei Personen hätten sparen können, denn Martin ist heute mittag *ohne* B. angekommen. Ich habe ihm sofort alles erzählt. Er und B. lassen Dich herzlich grüßen. B. hat tatsächlich mit hierherkommen wollen, aber er hat keinen Urlaub gekriegt. Martin hat es letztes Mal so gemütlich bei Euch gefunden – besonders den Tee oben bei Dir mit B. Allerdings hätte er abends nachher schon den Eindruck gehabt, daß B.s Besuch Deinem Vater sehr unangenehm gewesen wäre. Er mag nun mal keine Marineoffiziere. Wahrscheinlich haben sie den Entschluß gefaßt, Dich zu entführen, nachdem ich gestern nachmittag ahnungslos erzählte, daß Martin heute zu uns kommen wollte. Martin ist reizend wie immer, und morgen mehr.

In Liebe
Deine Matti

An
Fräulein Bertha Elking, Berlin,
Hotel du Nord, Unter den Linden

Bremen, Oktober 93

Liebe einzige Bertha!
Nun ist Martin also weg – Vorbei – Schluß. Hoffentlich kommt Ihr bald zurück, damit ich Dir alles in Ruhe erzählen kann.

Also einen Abend in Onkel Herberts Loge: «Carmen» mit der Bétaque, ganz fabelhaft! Martin und ich gingen nachher mit Onkel Herbert nach Haus. Als wir allein vor unserm Tor standen, sagte Martin, es sei so schöne Luft, wir wollten noch mal die nächste Contrescarpe hinuntergehen. Er war so bezaubernd und sprach von der langen Trennung und daß ihm der Abschied so schwer würde von Deutschland und von mir. Er fährt erst mit der Kosmos-Linie nach Chile und trifft dann drüben S. M. S. Maria. Ich fragte ihn, ob er die Bétaque nicht göttlich gefunden hätte als Carmen. Da antwortete er: «Wie kann ich denn eine andere Frau göttlich finden, wenn ein so süßes kleines Mädchen neben mir sitzt?»

Es war schön, so in der milden reinen Abendluft und in Ruhe mit ihm zu sprechen.

Am anderen Morgen bat er mich, mit ihm im Bürgerpark spazierenzugehen. Auch das war herrlich. Man ist bei ihm so geborgen, und ich würde sicher glücklich mit ihm werden. Aber ich kann ja nicht richtig lieben, es ist ganz entsetzlich.

Den zweiten Abend waren wir alle im Ratskeller. Er wollte gern Julie mithaben, die mit einem Marineoffizier verlobt sein soll, und dann seinen Bruder. Es war furchtbar nett und gemütlich. Aber einmal war er sehr böse mit mir, und darüber muß ich jetzt nachdenken. Ich hatte nachmittags Magenschmerzen gehabt, und abends gab es nun Hummer. Er sagt, ich sollte mir Kükenragout bestellen. «O bewahre», sagte ich, «ich esse natürlich Hummer. Wenn irgend etwas mich sehr lockt, tue ich es immer und halte die Schmerzen nachher aus.» Da sagte er: «Das ist das erste Mal, daß ich einen wirklichen Fehler an dir entdecke – das ist doch eine große Schwäche –, man hat doch einen Willen und eine Einsicht. Wenn ich zum Beispiel ein Mädchen begehren würde und wüßte, daß sie mich später unglücklich macht, so würde ich sie auch nicht heiraten.» Ich sagte: «Meinst du *mich* mit dem Mädchen?» Da sagte er: «So was kannst nur du sagen», aber bleibe nur so, wie du bist, mit allen deinen Schwächen.»

Liebste Bertha, denke Dir, da hat er einen bösen Punkt bei mir getroffen! Natürlich habe ich da wirklich ein Manko. Ich bin schwach im Charakter und nicht sicher wie Du. Wenn irgend etwas im Moment mich lockt und verführt, so greife ich sofort zu, ohne an die Folgen zu denken. Das ist doch ganz schlimm, und Du mußt mir das noch austreiben.

Martin fragte Papa, wann er ihn wohl nochmal sprechen könnte. Papa war reizend mit ihm und nahm ihn mit in sein Zimmer. Ich holte Anna und setzte sie auf die Hundetreppe, um aufzupassen, wie lange die Unterredung dauern würde. Sie kam nachher und sagte, eine halbe Stunde. Dann ging Martin zur Stadt. Mittags hat er noch mit uns gegessen und dann den Eltern Adieu gesagt. Ich saß bis 1/2 4 mit ihm bis zu seiner Abreise in Papas Zimmer. Wir standen dann auf, und er sagte dann ziemlich wörtlich: «Wenn ein Mann auf mehrere Jahre weggeht in Sturm und hohe See, kann er kein Mädchen binden – du bist noch so jung, aber ich verspreche dir, daß ich dich nicht vergesse.» Er hat mir keinen Kuß gegeben, sondern sagte nur «Lebwohl, kleine süße Marga» und ich darauf «Lebwohl, lieber Martin».

Als er weg war, fühlte ich mich enorm erleichtert, obwohl ich ihn doch so gern habe. Abends fragte Papa, was Martin mir gesagt hätte, und ich erzählte alles. «Ja», sagte Papa, «er ist ein Ehrenmann durch und durch.» «Ja», sagte ich, aber er ist einen halben Kopf zu klein.» Das fand Papa sehr herzlos von mir, und ich fand es auch, wo ich ihn doch so gern habe! Oft laufen mir die Worte so weg. – – –

Aber siehst Du, liebe Bertha, wenn Martin mich in die Arme genommen hätte, würde ich wohl «ja» gesagt haben, einfach aus

Schwäche. Da ist wieder die Sache mit dem Hummer!! Du ahnst gar nicht, wie *dankbar* ich Martin bin, daß er nichts Bindendes gesagt hat, denn ich liebe ihn *nicht die Spur*.

Und nun muß ich Dir noch etwas sagen, was mich jetzt sehr beschäftigt hat. Ich glaube, es war ein Glück, daß Du B. nicht wiedergesehen hast! Er ist nun auch für Jahre weg in die überseeischen Gewässer. Dein Vater hätte es doch *nie* erlaubt, und es wären schreckliche Kämpfe für Dich geworden. Außerdem – was kann in zwei Jahren alles passieren – Du hättest Dich ja nie *frei* gefühlt, und gebunden hätte er Dich noch *nicht*. Dies alles würde ich vielleicht nicht so offen sagen, wenn ich dächte, daß Du ihn noch sehr heiß liebtest. An dem Abend bei Euch, kurz vor Eurer Abreise, machte der Dr. Deneken aus Hannover Dir sehr heftig die Cour, und Du sahest sehr glücklich dabei aus! – Am nächsten Tage warst Du ganz verhuscht, und ich wagte gar nicht, Dich auf ihn anzureden. Heut will ich Dir aber sagen, daß ich ihn besonders sympathisch fand, viel klüger und gebildeter als die übrigen und *sehr* gut aussehend. Es war so nett, wie er zu mir sagte: «Sie sind also Fräulein Elkings Freundin, Cousine und Schwester, da muß ich ganz besonders nett zu Ihnen sein.»

Nun komm bald zurück zu
Deiner Matti

Berlin, den 7. Januar 94
Hotel du Nord, Unter den Linden

Liebe einzige Bertha!
Der Grund unserer Reise nach Berlin ist mir hier mitgeteilt worden. Papa will einen berühmten Arzt wegen seiner dauernden Leibschmerzen konsultieren.

Daß Du Dr. Deneken bei seiner Schwester in Bremen ohne das Wissen Deiner Eltern getroffen hast, finde ich wunderbar. Man kann seinen Eltern in Liebessachen gar nicht genug verheimlichen, denn sie richten wirklich nur Unheil an. Nach allem, was Du schreibst, kann Deine Verlobung nicht mehr fern sein. So heiß ich an Deinem Glück teilnehme, so schrecklich ist mir der Gedanke, daß Du von Bremen fortkommst. Gottseidank ist Hannover ja nicht weit. Glaubst Du wirklich, daß John Deneken auch für mich Verständnis hat? Du schreibst so rührend, wenn er das nicht hätte, würdest Du ihn ja nicht lieben können.

Mittwoch

Dein heutiger Brief mit der Nachricht, daß Du Dich verlobt hast, hat mich doch furchtbar erschüttert. Allen Segen der Welt flehe ich auf Dich herab, Du mein guter Engel! Noch einmal danke ich Dir für alles, was Du für mich getan hast. Es gibt sicher sehr wenige Schwestern, die so nahe verbunden sind wie wir beide.

Ich weiß ja nun noch nichts Näheres, aber Du schreibst ganz richtig, daß Du in den allernächsten Tagen alles mündlich erzählen wirst.

Von dem Besuch bei Martins Eltern kann ich wenig berichten. Der alte Geheimrat, Tante Maria und drei ihrer Töchter waren so besonders liebevoll mit mir, und natürlich glauben sie fest, daß ich dauernd an Martin denke, was ja leider durchaus nicht der Fall ist, und das machte mir ein schlechtes Gewissen. Ich war froh, als wir weg waren.

Ich kann meine Rückkehr nach Bremen gar nicht abwarten, komme dann sofort nach Tisch zu Dir.

Es küßt Dich mit so innigen Wünschen
Deine Matti

Florenz, Hotel d'Angleterre
den 5. März 94

Liebe einzige Bertha!

Dein lieber Brief hat mich so glücklich gemacht. Immer wieder muß ich Dir danken für alles Verstehen, alle Liebe und alle Nachsicht mit meinen Fehlern. Immer wenn wir Abschied nehmen, bin ich unglücklich und habe das Gefühl, daß ich meinen Halt verloren habe. Wie wunderbar ist, daß ich Dir alles sagen kann und daß bei Dir alles so fest verschlossen ist. Immer, wenn ich Dir geschrieben habe, bin ich irgendwie erlöst und gebe mir Rechenschaft ab über das, was ich tat und sagte. Wie mag sich nun Dein John später zu meinen Briefen stellen? Überlege es mal mit ihm.

Nun will ich Dir aber von uns erzählen. Wir waren ja nur einen Tag in München und nachmittags zum Tee bei Egons Eltern. Es waren da noch andere Menschen, auch Herr und Frau von Vincenti, und ich fand das sehr taktvoll. Das Haus in der Lenbachstraße ist sehr schön und alles sehr gut aufgezogen. Nach dem Tee sagte Egon, er wollte mir nun sein Arbeitszimmer zeigen. Ich ging mit ihm, und wir setzten uns gleich an den Sofatisch. Er fing gleich an, zu fragen, wie es mir im Winter ergangen sei, und dann fragte er: «Wie ist es nun, Marga, haben Sie mich vergessen oder denken Sie noch an Kreuth?» Ich hatte mir schon vorher überlegt, was ich sagen wollte: «Erinnern Sie noch mein Versprechen von der Hohlenstein-Alpe, Ihnen immer die Wahrheit zu sagen? Das will ich nun jetzt auch halten. Zuerst habe ich viel an Sie gedacht, aber dann ereignete sich ein Zwischenfall.» «Ein Zwischenfall?» fragte er ganz erstaunt. «Ja», brachte ich etwas mühsam heraus, «wie soll ich es nennen, – ich lernte einen anderen kennen!» Er sprang sofort auf und sagte sehr erregt: «Ja, ich habe es natürlich verkehrt gemacht, ich hätte Sie gleich in Kreuth fragen sollen. Aber ist denn da schon bei Ihnen eine Verlobung oder etwas Derartiges in Sicht?» Ich: «Absolut nicht, ich weiß nicht mal, ob ich ihn wiedersehe, und es sind ganz ungefangene Fische. Ich habe nur die reine Wahrheit gesagt.» Er darauf ganz erleichtert: «Na, also, dann ist es doch noch gar nicht so weit. Dann wollen wir noch einmal bis zum Sommer warten, bis wir uns in Kreuth wiedersehen, und vielleicht wird dann doch alles gut. Wollen Sie mir versprechen, mir zu schreiben, wenn sich wirklich etwas Ernsthaftes entschieden hat?» «Ja», sagte ich, «das will ich», und gab ihm die Hand. Er war aber doch irgendwie verstört, und das war mir ungemütlich, so daß ich sagte: «Wir wollen nun lieber wieder herübergehen.» Abends waren wir mit ihm im Theater.

Am anderen Tag fuhr er in der Bahn $1^1/_2$ Stunden mit uns. Nachher fragte Papa, was nun zwischen uns besprochen sei. Ich sagte, ich hätte ihm gestanden, daß ich nicht mehr an ihn dächte. Papa war unglücklich und sagte, ich würde sicher noch einmal mit einem Taugenichts abziehen, nachdem ich ja ernsthafte und wertvolle Männer verschmähte. Ich konnte nur wiederholen, daß ich einfach nicht lieben könnte, und das sei ein Manko in meiner Seele.

Nun also Florenz! Diese wunderbar herrliche Stadt, in der ich fortwährend denke, ob Dr. Retberg wohl um die nächste Ecke kommt?? In jeder Galerie, in den Uffizien, beim Corso denke ich, ob ich ihn jetzt wohl treffen werde. In der Tasche habe ich sein Visitenkartenetui mit dem Zettel «Auf Wiedersehen im März im schönen Florenz». Als ich mit ihm im Dezember bei Heinz und Rena aufführte, hat er schon immer von Florenz gesprochen, und Anfang Januar auf dem Ball bei Grommés sagte er, er würde dann von Florenz aus mit uns nach Rom fahren, um uns Rom zu zeigen. Wenn er nun nicht kommen kann, müßte er doch auf alle Fälle mir schreiben. Nun frage ich mich immer, ob ich *den* wohl liebe? Er hat eine so große Anziehungskraft für mich, er ist zehn Jahre älter als ich, und seine Überlegenheit imponiert mir. Auch seine Sprache ist so schön, und der ganze Mensch ist enorm kultiviert. Aber siehst Du, ich habe auch viele anziehende Eigenschaften bei Eugène, Hans W., Martin und Egon entdeckt, und darum war es doch keine Liebe.

Papa zeigt mir rührend *alles, alles!* – – Ich schreibe Dir nicht von all den Sehenswürdigkeiten, die ich im Baedeker rot anstreiche. Da gibt es andere, die Dir das besser berichten können. Aber von dem Besuch bei Mamas Tante, Marie du Frèsne, muß ich Dir erzählen, denn es war ein wirkliches Erlebnis. Sie hat mit ihrem Sohn Adolphe eines der schönsten Häuser von Florenz, einen richtigen Palazzo. Onkel Adolphe war Bankier und machte im letzten Jahr bankerott. Er brach dann zusammen und ist noch im Sanatorium. Wir sahen den Palazzo noch in voller Pracht, *aber* an den Statuen, Bildern und wunderbaren Möbeln hingen schon die Zettel für die Auktion, die einige Tage später stattfinden sollte. Ein Pferdestall mit sechs Boxen ganz aus weißem Marmor! Das Schönste aber war der Gartenhof, der nach drei Seiten von einem höher gelegenen Klostergarten umschlossen war. Da hinauf waren Mauern, die ganz von grünen und blühenden Ranken überwuchert waren. In der Mitte dieses Gartenhofes plätscherte eine Marmorfontaine. An der einen Seite des Hauses war eine große vorgebaute Loggia, wo sie bei Wärme den Tee genommen haben. Tante Marie ist über siebzig Jahre und die Schwester von Großmutter Struve, beide sehen ja aus wie Fürstinnen, ganz wunderbar. Wenn wir im April aus Rom zurückkommen, wird dieser Palazzo verlassen sein, und Tante Marie wird in Fiesole leben und ein sehr kleines Haus bewohnen.

Und nun noch tausend Dank für Deinen heute erhaltenen Brief.

In Liebe umarmt Dich
Deine Matti

Rom, Hotel Eden, den 27. März 94

Liebe einzige Bertha!

Denke Dir, ich habe Malaria und soll ein paar Tage zu Haus bleiben. Da kann ich Dir in Ruhe schreiben. Inzwischen schrieb ich Dir nur Karten, weil ich nie zum Schreiben kam. Deine Briefe machen mich so glücklich, und es ist zu wunderbar, daß Du Dich mit John so gut verstehst. Wie sehr gönne ich Dir jedes Glück, meine liebe, liebe Bertha! Jetzt, wo ich krank bin, habe ich auch schon angefangen, an der Veilchendecke für Deine Hochzeit zu sticken.

Der alte Bildhauer, Professor Konstantin Dausch, macht jetzt ein kleines Marmorrelief von meinem Profil. Ich finde es eigentlich sehr niedlich, aber meine Eltern möchten natürlich, daß ich schöner wäre. Die Wege zu ihm und von ihm (15 Minuten) darf ich allein machen, und denke Dir, in dieser kurzen Zeit genieße ich diese wunderbare Stadt am allermeisten. So kann ich die Dinge, die mir am meisten liegen, *selbst* entdecken: bezaubernde Straßenbilder, ein altes rosa Haus unter blauem Himmel mit verschwenderischen Blumen an den Fenstern, in der Haustür sitzend eine wunderbare

Frau mit blauem Kopftuch, die ein Kind an der Brust hat. Dann ein Wagen, dessen Rad abgefahren ist und der von hundert schreienden Menschen umstanden wird. Auch die Zelte mit den Blumen und dem verschwenderischen Obst an den Straßenecken sind bezaubernd. Ich gehe auch oft allein in die alte Kirche am Wege, die so göttlich schön ist. Alles andere *wird* mir gezeigt und *wird* mir erklärt, und dieses kann ich alles für mich allein erleben!

Wir waren zweimal im Wagen in der Campagna, ganz wunderbarer Eindruck des Landes, dann eine Partie zum Nemi-See, die ich sehr genoß. Es würde mir aber komisch vorkommen, wenn ich Dir vom Lateran und allen Museen erzählen wollte. Das kannst Du überall anders besser lesen.

In der Peterskirche erlebten wir Ostern den Papst! Professor Dausch hatte uns Karten verschafft. Bei dem fanatischen «Evviva»-Geschrei wurde Mama auch von dieser Welle miterfaßt und war ganz hinüber. Ich fand das Ganze so furchtbar irdisch und daß diese äußerliche Pracht so gar nichts mit den göttlichen Dingen zu tun hätte.

Von Dr. Retberg hörte ich noch nichts. Ich finde es einfach empörend, daß er mir nicht schreibt. Aber denke Dir, bei ihm ist irgend etwas, was man nicht durchschaut. Nach den Proben im Dezember für das Lustspiel bei Heinz und Rena lief er immer schon um 9 weg, während wir anderen alle noch bis 10 oder 11 blieben. Auch am Abend selbst, wo getanzt wurde, war er plötzlich um 10 verschwunden. Ich fragte damals Rena nach ihm, und da sagte sie: «Heinz und ich sind böse auf ihn, er ist heimlich weggelaufen.» Als ich Dr. Retberg später selbst fragte, sagte er, er müsse noch mit seiner Lunge sehr vorsichtig sein. Ich antwortete: «Die Abendluft ist aber doch um 11 nicht schlechter als um 9.» Auf dem Ball bei Grommés verschwand er auch um 12, obwohl *ich* doch nun dort war, und man hätte denken können, daß er diese Zeit mit mir, noch dazu an seinem letzten Abend vor der Abreise, hätte ausnützen müssen. Er sah bei Grommés Tita Schl. aus Hamburg, die bei Fritzes wohnte, und da sagte er zu mir: «Wer ist dieses zauberhafte Mädchen, die ‹intriguiert› mich, bitte stellen Sie mich der vor.» Das ist doch erstaunlich, wenn er *mich* will! Aber daran sehe ich ja vielleicht am besten, daß er mich *nicht* will. Er hat eben leider eine große Anziehungskraft für mich, der gegenüber ich schwach bin. Anstatt ihn mit Tita stehenzulassen, wartete ich. –

Zwischen diesen dunkeläugigen Italienerinnen komme ich mir sehr häßlich vor, und ich wünsche mir immer schwarze Haare und schwarze Augen, aber da ja daran nichts mehr zu ändern ist, muß ich wenigstens dafür sorgen, daß meine Sommersprossen weggehen. Ich mache hier wieder die Kur, und sie sind wirklich schon fast weg. Neulich las ich mal in einem französischen Buch, daß eine Frau häßlich würde, wenn sie verschmäht wird. Da Dr. Retberg mich nun verschmäht, werde ich also jetzt häßlich. Gottseidank hat meine Figur noch nicht darunter gelitten!

Heute abend wollen wir mit Professor Dausch in die Oper. Es ist so gut, daß wir ihn hier haben. Er besorgt uns alle Plätze und ist der reinste Fremdenführer.

In inniger Liebe
Deine Matti

Rom, den 14. April 94

Liebe einzige Bertha!

Gestern war Dein Vetter, Professor Elking, bei uns, der hier im Archiv ist. Er ist ganz besonders nett, aber sehr taub.

Mein Fieber hat übrigens nur 3 Tage gedauert. Wir waren inzwischen auf dem großen Rennen, und alles interesssierte mich glühend. Die Eltern trafen viele Bekannte, darunter sehr viele elegante Leute aus Frankfurt und London. Angesichts dieser Welt entdeckte Mama, daß ich angezogen wäre wie ein Mistkäfer. Sie selbst sieht ja immer so vornehm aus. Aber nun sah sie ein, daß ich aussah, als käme ich aus Gröpelingen. Abends waren beide Eltern furchtbar zärtlich zu mir und sagten, es wäre doch so nett, daß Du und ich so wenig Wert auf teure Kleider gelegt hätten. Du hättest ja nun als Braut schon sehr schöne Sachen aus Hannover bekommen, und ich sollte jetzt in Wiesbaden ganz neu ausgesteuert werden! Wir haben wirklich beide *wenig* an unsere Kleider gedacht, und für Bremen hat es ja noch immer genügt.

Die Museen und endlosen Gemälde interessieren mich im Grunde sehr wenig. Dr. Retberg, dieses treulose Subjekt, der mich sitzenließ, sagte damals, man müsse nur den künstlerischen Wert eines Bildes erkennen und imstande sein, das Sujet ganz davon zu trennen. Das kann ich aber nicht. Wenn ich auf dem Bilde sehe, daß einer Frau die Brüste ausgerissen werden oder daß ein Heiliger geröstet oder aufgespießt wird, kann ich mich unmöglich über die Malerei freuen, sondern es graust mich. Der gute Vater schleift uns überall hin, und ich streiche alles rot an, was ich gesehen habe. Mich interessiert viel mehr das Volk, das Land und das Leben der Menschen.

Nun schreibe Du jetzt bitte schon nach Florenz, Hotel d'Angleterre, und grüße Deinen John tausendmal. Sein Telegramm an Dich «Es muß doch Frühling werden» finde ich ganz bezaubernd.

In inniger Liebe
Deine Matti

Meine liebste Bertha!
Gleich am ersten Tage sind wir bei Tante Marie du Frèsne gewesen, und ich bin ganz erschüttert von dem Besuch. Ihr Haus in Fiesole ist sehr klein, aber es ist direkt angebaut an einen Hügel. Der Blick über die Berge, über Florenz in endloser Weite ist nicht-zusagen schön. Denke Dir, der alte Koch, der alte Diener und die alte Jungfer sind für einen kaum zu nennenden Betrag in ihrer Stellung geblieben. Sie haben ihr Leben bei ihr und können sich nicht von ihr trennen.

Wir fahren nun doch etwas früher weg, und zwar über Mailand, Bodensee, Frankfurt a. M. nach Wiesbaden, wo wir einige Tage bleiben und Mamas Cousine, Frau von Gärtner, besuchen. Die Tochter Lina war einmal acht Tage bei uns in Bremen, und Du erinnerst sie wohl noch? Sie ist ganz reizend, etwas älter als wir.

Wir wollen Anfang Mai in Bremen sein. Dann wird aber unser Haus noch gemalt, und die Eltern fahren gleich wieder weg nach Wildungen. Ich soll dann einige Tage zu Heinz und Rena Retberg, weil es zu Haus mit den Handwerkern zu ungemütlich ist, und dann für den ganzen Sommer zu Onkel Herbert nach Lesmona.

Nun weißt Du unsere Pläne! Ob Du Anfang Mai noch in Bremen bist? Es wäre zu schrecklich, wenn Ihr vor mir nach Darneelen führet.

Dr. Retberg haben wir nicht getroffen.

In inniger Liebe
Deine Matti

Baden-Baden, Hotel Stephanie
den 26. April 94

Meine liebe einzige Bertha!
Nun sind wir *hier* gelandet, weil Papa plötzlich noch ein paar Tage in Baden-Baden sein wollte. Die Reise verlief sehr glatt, und ich freue mich, hier nun den deutschen Frühling mit frischem Grün zu erleben. Baden-Baden ist ja ganz himmlisch, und ich genieße die Wagenfahrten in das blühende Land ganz enorm.

Mama hat hier schon angefangen, mir neue Sachen zu kaufen, ganz entzückende Schuhe, weiße und braune, einen Hut und ein dunkelblaues Kostüm. Es hat alles mehr chic als die Sachen in Bremen. Ich schicke Dir morgen einen Shawl, hellblaue Seide, und einen in rosa, die Mama und ich in Florenz für Dich gekauft haben. So ein Shawl reicht gerade für eine Bluse.

Nächste Adresse: Wiesbaden, Nassauer Hof.

In Liebe
Deine Matti

Wiesbaden, Nassauer Hof
3. Mai 94, Papas Geburtstag

Liebe einzige Bertha!

Von Wiesbaden bin ich sehr enttäuscht. Es ist doch nur eine richtige Stadt, und wenn man ins Freie will, muß man erst auf den Neroberg fahren. Die Stadt und die Läden sind sehr elegant. Gärtners sind ganz bezaubernd mit mir. Lina von Gärtner hat auch viel mit mir besorgt, da sie ja die Läden besser kennt als wir. Mama will mich, glaube ich, zur Verlobung von Georg und Elly herausstaffieren, damit ich neben Elly und Ally nicht abfallen soll.

Ich bekam ein ganz bezauberndes weißes Crêpe-Kleid, was nur vorn im Gürtel eine türkisblaue Schnalle hat. Zwei süße Waschkleider, ein weißes Cape, über die Sommerkleider zu tragen, ein hellblaues leichtes Crêpe-Kleid für den Sommer, am Sonntag und so. Dann einen dunkelblauen Faltenrock und dazu zwei weiße Blusen, eine kleine blaue Weste ohne Ärmel, die dazu gehört. Es sind nur ganz kleine Änderungen, die hier gemacht werden, dann brauche ich in Bremen überhaupt nicht zu Röben.

Gottseidank sehe ich Dich also noch gerade in Bremen. Das war die Hauptfreude dieses Tages, die mir Dein heutiger lieber Brief brachte.

In inniger Liebe
Deine Matti

Bremen, den 8. Mai 94
Dienstag

Liebste einzige Bertha!

Es war schön, daß ich Dich noch sah und wir uns alles mündlich erzählen konnte, das «Himmlische und das Irdische». Am schönsten, daß ich Dich und John noch einen ganzen stillen Nachmittag bei mir oben haben durfte! Ich habe ihn auch schon lieb und werde ihn immer weiter lieben in dem Maß, wie er dich glücklich macht. Deine Kleider aus Hannover und Bremen fand ich ganz entzückend. Du hast noch nie so hübsch ausgesehen. – Das macht wohl die Liebe, die zu mir nicht kommen will. –

Nun muß ich Dir aber noch viel erzählen. Also ich lief gestern noch zu Rena und fragte, weshalb Dr. Retberg eigentlich nicht nach Florenz gekommen wäre. Sie sagte ganz gleichgültig: «Ich glaube, er war erkältet.» Das war wirklich die reinste Ohrfeige. Natürlich ließ ich mir nichts merken, aber ich war wütend. Er hätte mir dann doch schreiben müssen. Also es ist aus. Anna Quentell sagt auch, den sollte ich mir nun aber wirklich aus dem Kopf schlagen. Noch kochend vor Wut treffe ich vor Hillmann Carl Brauer. Er fragt: «Wie geht es dir denn, wie war es denn in Italien?» Ich sage: «Es war sehr schön, aber ich habe eben einen ganz entsetzlichen Ärger gehabt, was kann man dagegen tun?» «Oh, da habe ich ein gutes Rezept, da mußt du dich körperlich austoben, ordentlich Gegenstände an die Wand schmeißen und aus dem Fenster raus. Und dann muß es feste krachen, das nennt man ‹sich abregen›, das versuche mal.» Er ist immer so rasend komisch.

Also abends, als ich zu Bett gehe, sagt Linsche, sie hätte meinen Nachttopf kaputt gemacht. Ich rufe begeistert: «Wo ist er?» Sie, ganz erstaunt: «Da, hinter dem Schrank.» Ich stürze hin und finde den Pott mit einem großen Riß quer durch. Jetzt wollte ich mich aber abregen! Ich reiße das Fenster auf, gucke erst nach beiden Seiten, und als niemand kam, schmeiße ich den Pott herunter. Krach, krach, – da lag er in tausend Stücken auf der Contrescarpe. Nie werde ich Linsches Gesicht vergessen! Völlig außer sich und kreideweiß starrte sie mich an und sagte bebend vor Wut: «Du bist ein ganzer Teufel, ein Rebell, bist du denn verrückt geworden? Jetzt kommt die Polizei und verhaftet dich. Es ist streng verboten, Gegenstände aus dem Fenster zu werfen.» Ich sagte und wollte sie umarmen: «Linsche, ich war so wütend, daß Dr. Retberg nicht nach Florenz gekommen ist, da wollte ich mir Luft machen.» Linsche antwortete: «Laß mich los, du kannst gleich der Polizei erzählen, Dr. Retberg hätte dich sitzenlassen und deshalb hättest du deinen Nachttopf aus dem Fenster geworfen. Es ist gar nicht zu glauben, mit achtzehn Jahren eine solche Untat.»

Die Eltern waren an dem Abend eingeladen. Ich lauschte noch ziemlich lange, als ich schon im Bett lag, ob wohl unten auf der Contrescarpe noch eine Komplikation kommen würde. Da ich immer mit offenem Fenster schlafe, hörte ich am anderen Morgen um $1/2$ 7, wie Männer draußen redeten. Ich schlich hinter die Gardine und sah zwei Wallarbeiter mit einem kleinen Wagen, die vor den Scherben standen. Es piekte mich furchtbar, mich an der Unterhaltung zu beteiligen. Ich rief hinunter: «Guten Morgen, was ist da eigentlich los?» Der eine Mann rief ganz strenge: «Haben Sie da was aus dem Fenster geworfen?» Ich: «Nein, natürlich nicht! Aber diese Nacht gab es da plötzlich einen großen Krach, und Menschen zankten sich, da werden sie wohl was hingeworfen haben.» «Ja», sagte der Wallarbeiter gemütlich, «dann wollen wir's mal zusammenfegen und mitnehmen.» Ich war sehr erleichtert, ging nach nebenan und weckte Linsche, die noch halb schlief, und sagte: «Linsche, die Polizei hat mich eben verhaftet, und du kommst auch mit ins Verhör – das wird wohl noch schlimm ausgehen.» Sie brummte vor sich hin: «Achtzehn Jahre, man sollte es nicht für möglich halten.»   Mit tausend innigen Grüßen
                                                           Deine Matti

PS.
Nun ziehe ich also gleich nach der Abreise der Eltern zu Heinz und Rena Retberg. Damit Du das nicht falsch verstehst: dies hat nichts mit Retbergs zu tun, sondern nur mit Rena. Mama hatte ihr erzählt, daß unser Haus voller Handwerker wäre im Mai, weshalb sie und Papa gleich nach Wildungen weiterführen, und ich sollte am 17. nach Lesmona. Da bot Rena sich an, mich während dieser 8 Tage zu sich zu nehmen. Ich will aber nur 4 Tage bei ihr bleiben, fühle mich bei Linsche viel wohler. Also am 17. Mai fahre ich nach Lesmona, am 18. ist Onkel Herberts Geburtstag, und da wollte er mich gern draußen haben. Fräulein Kaiser soll mich bemuttern. Max Georgi ist draußen und Heini Finke. Percy Roesner kommt auch am 17. aus London.

Und nun tausend Grüße und Küsse
von Deiner Matti

Bremen, Freitag, den 11. Mai 94
Philosophenweg 16

Meine liebe liebe Bertha!
Es ist komisch, hier in Bremen in einer ganz anderen Straße zu wohnen. Retbergs sind sehr reizend, und es ist sehr gemütlich. Aber denke Dir mein Erlebnis: Rena roch gestern nach so wundervoller Seife, und sie erzählte, es sei ein Geschenk von Heinz: Violettes von Roger und Gallet. Ich fragte Heinz, wo er sie gekauft hätte, weil ich sie auch so liebte. Darauf sagte er ganz obenhin: «Bei Rudis Französin, die bei N. im Laden ist.» So, «das will ich rauskriegen», dachte ich! Nach Tisch lief ich zu Linsche und erzählte ihr alles und bat sie, gleich am selben Nachmittag in den Laden zu gehen, wo Linsche auch Mamas Seife bei der Französin kauft und sie also etwas kennt. Ich bat sie, die Französin zu fragen, wie lange sie schon in Bremen wäre. Linsche sagt: «Ich will es gern tun, damit du von diesem Dr. Retberg loskommst, aber für die Antwort komme ich nicht nochmal die Treppe hinunter.» «Nein, nein», begöschte ich sie, «ich komme um $^1/_2$ 7 hier vorbei und pfeife. Dann rufst du oben aus dem Fenster, wie lange sie hier ist.» So geschah es. Um $^1/_2$ 7 erschien Linsche am Fenster auf meinen Pfiff hin und ruft herunter: «Seit zwei Jahren ist sie hier.» Ich winkte und lief weg. Es ist ein sonderbares Gefühl für mich, jetzt mit meiner Empörung bei seinem Bruder am Tisch zu sitzen. Rudi war nämlich drei Jahre in der Schweiz und kam erst im Herbst 93 wieder hierher. Er hat dann also seinen Verkehr mit der Französin im Oktober angefangen und, während er mir die darauffolgenden Monate die Cour machte, als wir zusammen aufführten, weiter beibehalten.

Anna und Susi finden es gar nicht schlimm, da ich doch damals gar keine Rechte auf ihn hatte. Trotzdem tat es mir leid, daß ich keinen Retbergschen Nachttopf zum «Abregen» auf die Straße schmeißen konnte!

Nun schreibe also nach Lesmona.

In großer Liebe
Deine Matti

St. Magnus
Villa Lesmona b. Bremen
Sonnabend, den 19. Mai 94

Liebe liebe Bertha!

Denke Dir, als ich hier ankam, war das arme Fräulein Kaiser schon im Reisekleid, und ihre gepackten Koffer standen vor der Tür. Sie hatte vor acht Tagen einen schweren Gallenanfall gehabt, war im Josephstift untersucht und muß operiert werden. Das will sie aber nicht in Bremen machen lassen, sondern in Hannover bei ihren Verwandten. Als sie weg war, sagte Onkel Herbert: «Na, Marga, wenn *das* deine Eltern hören, lassen sie dich wahrscheinlich noch nach Wildungen kommen, weil Fräulein Kaiser dich doch hier bemuttern sollte. Aber das sehe ich gar nicht ein. Wo *ich* hier bin, kann ich dich doch bevatern, und wer sollte dir hier wohl was tun? Wir wollen es aber deinen Eltern erstmal noch nicht schreiben.»

Ich stimmte begeistert zu, denn Wildungen hängt mir weit aus dem Halse.

Also Max Georgi und Heini F. sind hier, und Percy Roesner kam am selben Tag wie ich – er war von London erst nach Köln gefahren zur Hochzeit eines Vetters Plessis und soll sich hier nach einer schweren Influenza erholen. Er ist mit Dir genau so verwandt wie mit mir: second cousin. Gottseidank spricht er fließend Deutsch, mit englischem Akzent. Er sieht ganz fabelhaft gut aus, mindestens einen halben Kopf größer als ich, glänzende schlanke Figur, dunkelblonde Haare, enorm sprechende blaue Augen wie sein Bruder Ferdi und schneeweiße Zähne. Sehr gern habe ich seine braungebrannten Hände mit von der Natur so wohlgeformten Nägeln. – Aber er ist ja nur zwei Jahre älter als ich. Er hat eine entzückende Tenorstimme und singt morgens die englischen Songs oder die von mir geliebten italienischen Lieder und abends oft für Onkel Herbert Schubert- oder Schumann-Lieder. Zu den Songs kann ich ihn begleiten. – In London hat er jede Woche einen Abend Gesangstunden. Da ist also der dernier cri von London: «Daisy, Daisy». Ich will Dir die Verse mal aufschreiben, die er von früh bis spät singt:

There is a flower into my heart
Daisy, Daisy –
Planted some day by a glancing dart
Planted by Daisy Bell.
Whether she loves or she loves me not
Sometimes 'tis hard to tell,
But I'm no longer to share the lot
Of beautiful Daisy Bell.
Daisy – Daisy – give me your answer, do,
I'm half crazy all for the love of you.
We can't have a stylish marriage
For I can't afford a carriage,
But you look sweet
Upon the seat
Of a bicycle built for two.

Er sagt, dies Lied klänge jetzt aus allen Fenstern, oben von den Bussen, auf den Straßen und in den Restaurants, ganz London sänge jetzt «Daisy». Er ist enorm freimütig und sicher, sagt alles, was er denkt, und Onkel Herbert liebt ihn sehr.

Am zweiten Tag, als er abends «Daisy» gesungen und ich ihn begleitet hatte, als alle dabei waren, sagt er plötzlich zu mir: «Gott, mir fällt eben ein, daß *du* der Typ von Daisy bist, den ich mir von ihr vorgestellt hatte, wahrhaftig genau so. Ich nenne dich jetzt nur noch ‹Daisy›.» – Alle lachten, und von dem Moment an nennt er mich *nie* anders als «Daisy».

Ich schlafe oben in meinem alten Zimmer vis-à-vis von Onkel Herbert. Max und Heini F. sind auch oben, und Percy ist unten. Seine Eltern sind seit einigen Jahren beide tot. Onkel Herbert erzählte mir, daß sein Schwager O. das Erbteil der Brüder nicht aus der Firma «Roesner Brothers» herausgibt, es sei eine unerhörte Sache, aber die Brüder wären zu fair, um zu prozessieren. Percys Vater war sehr reich, die Mutter – Tante Cornelia – eine bezaubernde Frau. Seit dem Tode der Eltern ist Percy bei Onkel Christian und Tante Ellen in London wie Kind im Hause.

Nun laß es Dir weiter gutgehen und denke, daß ich glücklich bin.

Deine Matti

Lesmona, den 25. Mai
Liebe liebste Bertha!
Acht Tage bin ich nun schon hier, und es ist wunderbar. Onkel Herbert kommt an drei Wochentagen mittags zu Tisch heraus,

dann holen Percy und ich ihn im Wagen in Burg-Lesum ab. Nachmittags reitet er dann um 5 mit uns aus. Percy reitet Max' Pferd, Onkel Herbert hat sein eigenes, und ich habe hier den «Pfeil» von Freese, den Du kennst. Er sieht ja süß aus, ist aber bodenscheu und macht bei jedem Stück Papier einen großen Satz. Wenn Onkel Herbert erst nachmittags um 6 herauskommt, reite ich morgens allein mit Percy.

Die anderen Vormittage rudern wir, er rudert meist hinüber ans andere Ufer. Da ist eine süße Schilfbucht. Wir sind ganz selig zusammen, lesen auch gar nicht mehr in den Büchern, die wir zuerst mitnahmen, sondern haben uns ganz entsetzlich viel zu sagen. Es nimmt nie ein Ende. Er spricht oft englisch, und ich antworte deutsch. Im Boot ziehe ich immer meine Schuhe aus, wie ich es von jeher tat. Es ist so befreiend ohne Hut und ohne Schuhe. Dann lege ich mich gemütlich in meine Kissen und sehe in den Himmel oder in Percys Augen, was dasselbe ist. Gestern hatte ich meinen Fuß an einem Bootsnagel so gerissen, daß er stark blutete. Es ging sofort durch den Strumpf durch. Ich mußte den Strumpf ausziehen, und Percy nahm den Fuß in seine Hände. Er band sein Taschentuch drum zum Abbinden des Blutes. Nachher hat er den ganz gehörigen Riß ausgewaschen und aus seinem Portefeuille «new skin» draufgeklebt, das ist ein wunderbares englisches Heilmittel, und man braucht dann keinen Verband mehr. Als das fertig war, hat er den Fuß sehr zärtlich geküßt, und ich dankte Gott, daß ich so niedliche Füße habe.

Er ist nach diesen ersten acht Tagen etwas anders als im Anfang!! Wie soll ich Dir das sagen?? Er sieht mich fortwährend an – – Er kann mich so wunderbar aufs Pferd heben, noch viel besser als Stensbeck bei Freese. Mit einem Schwung bin ich im Sattel drin. Wenn er mich nachher herunternimmt, drückt er mich eine kleine Sekunde an sein Herz. Ich tue aber, als wenn ich es nicht merke.

Max Georgi hat in Vegesack eine Freundin – die Tochter eines Kapitäns oder so – und zu der schwimmt er jeden Abend ab. Heini F. ist wild auf Rudern, und manchmal müssen Percy und ich nach dem Abendessen mit ihm auf die Lesum. Dann singen die beiden abwechselnd, im Boot stehend, über den Fluß hin ihre bezaubernden Lieder. Onkel Herbert legt immer abends ab 9 Uhr Patience.

Am schönsten ist es aber, wenn Percy und ich allein im Garten sind und wir Heini nachher abholen. Percy schwimmt jeden Morgen in der Lesum, auch bei schlechtem Wetter. Du weißt, daß ich das Schwimmen nicht vertragen kann, daher bade ich im Badehaus, sooft es warm genug ist. Percy schwimmt dann noch ein zweites Mal draußen. Er ist enorm für Sport. Als wir einen Tag in der

Bucht waren, fragte er nach meiner Geschichte mit Martin, von der er über Berlin gehört hatte. Ich erzählte ihm alles und auch von Hans W., Eugène und Egon P. Da sagte er sofort: «Hast du denn nun dem Grafen P. jetzt abgeschrieben?» Ich sagte: «Nein, dazu hast du mir bis jetzt ja keine Zeit gelassen.» Da nahm er die Ruder heran und ruderte aber sofort zum Steg zurück. «So», sagte er, «jetzt gehen wir nach oben, und du schreibst sofort den Brief, und ich stecke ihn nachher selbst am Bahnhof ein.» Er war heute so rasend komisch und sagte: «Dann hast du jetzt also Martin in Amerika, Eugène in Paris, Egon P. in München und mich in London, die auf dich warten. Du solltest doch eigentlich einen Wartesaal einrichten, wo du uns alle zusammen unterbringst, und wir können dann darüber reden, wer die meiste Chance hat.» Ich erzählte es auch alles mit Dr. Retberg, und daß da dunkle Dinge sind, die ich nicht durchschauen kann und *doch weiß*. Er sagte: «Ja, es gibt Dinge, die man gar nicht wissen *kann* und die man doch durchschaut. Man kann sie durch einen dunklen Vorhang hindurch irgendwie erkennen, das ist sehr unheimlich, und von all deinen Verehrern ist mir dieser Dr. Retberg der bedenklichste.»

Oben schrieb ich an Egon folgenden Brief:

«Lieber Graf Egon!
Heute bitte ich Sie nun, nicht mehr an mich zu denken. Ich werde dieses Jahr auch nicht nach Kreuth kommen, aber bitte erhalten Sie mir Ihre Freundschaft, so wie ich Ihnen die meine erhalten werde.

Mit herzlichem Gruß
Ihre Marga Berck.»

Percy war sehr erstaunt, daß dieser Brief so rasch und in fünf Minuten geschrieben war. Er sagte: «Man kann sich gar nicht genug über dich wundern.» Dann steckte er ihn gleich in die Tasche.

Inzwischen ist nun heute früh Egons Antwort sehr prompt angekommen:

«Liebe Marga!
Nun ist es also doch so gekommen, wie ich seit München geahnt habe, aber ich muß es tragen, und ich muß Ihnen für Ihre Offenheit danken. Die Freundschaft, um die Sie mich bitten, werde ich Ihnen bis zu meinem Ende erhalten, – das verspreche ich Ihnen.

Ihr Egon v. P.»

Liebste Bertha, verzeih mir, daß ich gar nicht mehr wie früher auf Deine Briefe eingehe. Ich liefere zu viel eigenen Stoff, aber

Deine Briefe sind nach wie vor meine Freude. Ich könnte ohne sie nicht leben. Du verstehst alles, und so verstehst Du auch meinen jetzigen Zustand.

In großer Liebe
Deine Matti

Lesmona, den 4. Juni 94
Montag

Liebe liebste Bertha!

Heute muß ich Dir so viel schreiben und kann es in Ruhe, weil Percy für ein paar Stunden zur Stadt gefahren ist. Sonnabend morgen hatten wir erst gerudert und dann gesungen. Ich begleitete ihn zu dem süßen Song:

> Just one girl
> In the world for me,
> There may be others – you know,
> But they're not my pearl.

Er sang es mit einem so bezaubernden Go, – ich hatte noch die Hände auf den Tasten, als er plötzlich meinen Kopf nach hinten nimmt und mein Gesicht und meinen Mund ganz wahnsinnig küßt. – Als ich mich rühren konnte, rannte ich hinauf in mein Zimmer. Zuerst war ich furchtbar erschrocken und kam mir ganz besudelt vor und wollte mir das Gesicht abwaschen, um mich zu reinigen – aber ich konnte es nicht fertigbringen. Es war das erstemal, daß ein männliches Wesen mich geküßt hatte. Ich mußte mich rasch frisieren, denn wir wollten Onkel Herbert schon um 1 in Lesum abholen.

Kurz darauf klopfte es, und Auguste kommt herein. Sie sagt: «Herr Roesner läßt bitten, sofort zum Stall zu kommen, Johann wäre krank geworden, und Herr Roesner müßte anspannen und gleich mit Fräulein Marga wegfahren.»

Ich lief sofort hinunter und fand Percy schon mitten im Anspannen, die Zigarette im Mund. Die Pferde standen schon vorm Wagen. Ich schämte mich ganz furchtbar wegen der Küsse, dachte aber, es wäre gut, daß wir auf diese Weise gleich eine Ablenkung hätten. Percy sagte: «Sieh dir mal Johann an in der Geschirrkammer.» Ich ging hinein und fand Johann auf einem Bock vor einem Eimer sitzend und furchtbar würgend. Sein Hemd hing über die Hose, und er sah geradezu *sagenhaft* komisch aus. Ich lief aber sofort wieder nach draußen. Percy machte gerade die Maulkette fest, und ich sagte, es wunderte mich, daß er das so gut und rasch könnte. Er meinte, das könne jeder englische Junge von allein, und er hätte es bei seinen Eltern schon als kleiner Junge gelernt. Dann sagte er plötzlich: «Daisy, are you angry with me?» Ich stotterte sehr verlegen: «Ich finde wirklich, daß du mich vorher hättest fragen können.» Da sah er von den Pferden weg, sah mich ganz furchtbar belustigt an, nahm die Zigarette aus dem Mund und sagte: «Well, Daisy, I'll ask you every time before I kiss you.»

Nun war es aber höchste Zeit, ich sprang in den Wagen, er auf den Bock, und dann fuhr er los. Er fährt viel schneller als Johann. Onkel Herbert war sehr erstaunt, Percy auf dem Bock zu sehen. Er sagte bei der Rückfahrt immer: «Percy fährt ja tausendmal besser als Johann, und ich fürchte, daß Johann wieder Delirium hat.»

Liebste Bertha, dieser schöne Tag war aber noch lange nicht zu Ende. Er wurde noch viel schöner! Also ist es eine alte Sitte, daß die Bremer Familien von den Landgütern dieser Gegend sich einmal im Sommer oder alle paar Jahre irgendwann zu einem Volksball im alten Vegesacker Havenhaus treffen. Die Alten sitzen in irgendeiner Ecke, und die Jugend tanzt. Ich war noch nie dabeigewesen. Dieser Abend sollte nun letzten Sonnabend sein. Onkel Herbert sagte, ich sollte ein nettes Sommerkleid anziehen, und die Herren gingen in ihren Sommeranzügen hin. Es waren da sehr viele Bekannte. Onkel Herbert saß da mit allen Wätjens, Detmar Finkes etc. Er war mit Percy, Max und mir hingefahren. Heini F. war inzwischen wieder in Oslebshausen. Johann saß bei der Abfahrt grün auf dem Bock, und ich glaubte, beim Einsteigen bemerkt zu haben, daß er irgendwie verrückt aussah, sagte aber nichts. Wir kamen kurz vor 9 an, und alles war schon beim Tanzen. Es war ein sehr lustiges, buntes Bild. Percy tanzte sofort mit mir, und er tanzt wie ein Gott.

In der Ecke saß Max mit seiner Vegesacker Freundin. Sie sah reizend aus, und ich sagte zu Percy, ob wir uns nicht dazusetzen wollten. «Nein, das ist ausgeschlossen. Onkel Herbert würde außer sich sein.» Ich konnte mich aber gar nicht damit abfinden, daß man auf einem Volksball einem so netten Mädchen, von der man doch gar nichts Böses wußte, nicht Guten Tag sagen durfte. Percy sagte: «Du bist eben Daisy, und nur du kannst es tun.» Percy winkte Max und flüsterte ihm etwas zu. Max tanzte mit mir, Percy mit dem Mädchen, und dann setzte er sie an einen anderen Tisch, sehr entfernt von den alten Leuten. Dann ging ich mit Max hinüber, der geradezu erschüttert sagte: «Das werde ich dir nie vergessen, es ist so schrecklich für sie, daß keiner sonst mit ihr spricht.» Sie war zuerst sehr verlegen, aber ich überbrückte das rasch, und dann haben wir sehr lustig geschwatzt. Percy holte mich aber nach kurzer Zeit zum Boston weg, und Onkel Herbert hat nichts gemerkt. Es ist zu schön, die alten Leute zu hintergehen.

Percy und ich sind ganz wild auf Walzer von Strauß, aber am meisten auf den göttlichsten aller Walzer «G'schichten aus dem Wienerwald». Du ahnst nicht, wie bezaubernd er ihn spielt und dazu singt! Die anderen bekannten Jungens tanzten natürlich auch mit mir, aber August W. sagte, als er mich das zweite Mal holte: «Detmar F. und Wilhelm und ich wagen uns gar nicht an dich heran, weil der englische Vetter dich keine Sekunde aus den Augen läßt.» Tatsächlich stand Percy mit verschränkten Armen an der Wand, solange ich mit anderen tanzte, aber fast immer tanzte ich mit ihm, und wenn ich mit Percy tanze, denke ich, daß ich mit ihm auf dem Meere schwimme, irgendwelchen glücklichen Gefilden entgegen. Er sagte: «Ich möchte die ganze Nacht mit dir so weitertanzen, magst du es auch?» Ich sagte: «Ja, ich mag es.» Wenn man so glücklich ist, kann man, glaube ich, wenig sagen.

Nach 12 rief Onkel Herbert uns heran, er hatte keine Lust mehr, und Johann war um 12 bestellt. Er fragte Percy, ob er nicht noch bleiben wolle. Aber nein, davon war keine Rede. Max blieb noch dort, und so fuhr Onkel Herbert mit Percy und mir weg.

Etwa zehn Minuten vor Lesmona sagt plötzlich Johann mit etwas bedeckter Stimme vom Bock herunter: «Herr Berck, das eine Pferd hat ein Geschwür am Bein, eigentlich hätte ich gar nicht fahren dürfen, aber morgen muß es jedenfalls Ruhe haben.» Onkel Herbert sagte: «Fahren Sie gleich beim Stall vor, und holen Sie die Stallaterne heraus, ich will mir das Geschwür ansehen.» Dort angekommen, gab Onkel Herbert die Schlüssel zur Verandatür an Percy und sagte, er möchte aufschließen und Licht machen. Er käme gleich nach. Wir liefen merkwürdig rasch hinauf, Percy schloß die Tür auf, machte Licht im Eßzimmer und kam wieder heraus auf die Veranda. Er zog mich ein Stück den Gartenweg hinauf, blieb vor mir stehen und sagte: «Now, Daisy, you want me to ask you before I . . .» Ich fiel in seine Arme, und die Welt versank um uns – – –

Als ich einige Minuten später aus diesem Traum erwachte, sagte ich, wie aus einer anderen Welt zurückkommend: «Onkel Herbert hat das Geschwür noch nicht gefunden, ob wir nicht besser hingehen?» «Nein», sagte Percy, «wir können hier ja hören, wenn er den Weg heraufkommt.» Und wieder versank ich im Zauber seiner Küsse – – –

Dann kamen Onkel Herberts Schritte herauf, wir gingen ihm entgegen, und er rief schon von weitem: «Denkt euch, es ist überhaupt kein Geschwür zu finden, der Kerl hat wieder Delirium, ich bin ganz außer mir und kündige ihm morgen.»

Ich hatte eine äußerst heftige Zuneigung zu Johann gefaßt, der mir soeben zu den seligsten Augenblicken meines Lebens verholfen hatte, und beruhigte Onkel Herbert mit großer Hingabe.

An diesem Abend wollte ich Onkel Herbert keinen Gutenachtkuß mehr geben – Percys Küsse sollten auf meinem Gesicht bleiben. So lief ich hinauf, als Onkel Herbert unten einen Moment verschwand, und rief dann die Treppe herunter, ich sei todmüde, er sollte gut schlafen und sich nicht mehr ärgern.

Percy stand unten an der Treppe, und wir sahen uns an – – – ja, das war Sonnabend, und dann kam der gestrige Sonntag, und der war genau so schön, und von dem erzähle ich Dir morgen oder übermorgen. –

Liebste Bertha, nun bin ich von dem Irrtum befreit, daß ich nicht lieben kann. Verzeih mir nur, wenn ich wenig jetzt auf Deine Briefe eingehe, ich bin einfach ganz berauscht, und Dich weiß ich glücklich in Darneelen und freue mich, daß Dein John bald zu Dir kommt.

In großer Liebe
Deine Matti

Lesmona, Dienstag, den 5. Juni

Liebe liebste Bertha!

Mein Glück ist so groß, und oft habe ich Angst, daß ich vergesse, Dir irgend etwas zu erzählen, denn Du mußt doch alles miterleben. Es ist ja wie ein Sturm über mich gekommen! Heute habe ich mich ausnahmsweise schon um 7 wecken lassen, um Dir von letztem Sonntag zu erzählen, denn ich fürchte, nachher keine Zeit zum Schreiben zu haben. Es ist ein Glück, daß ich so enorm schnell schreibe, und Du mußt nur das Geschmier entschuldigen.

Sonntag morgen von 1/2 10 bis 11 bin ich mit Max und Percy geritten. Max kann ja nur sonntags und sonnabendnachmittags. Onkel Herbert gibt dann sein Pferd an Percy. Wir ritten nur ums Holthorster Feld und da herum, weil wir uns für die Gäste noch umziehen mußten, und denke Dir, als wir auf dem Rückweg sind – da bei Rauchs, zwischen den Kornfeldern –, kommt ein Wanderfotograf und ruft «stop». Wir hielten an, und er hat dann mehrere Aufnahmen von uns gemacht, die er demnächst schicken wird. Ich schicke Dir dann ein Bild, wenn es gut wird!

Wir hatten dann also eine kleine Sommergesellschaft – zwanzig Personen zu Tisch, wie Onkel H. sie ja sehr oft hat. Dies waren nun hauptsächlich die jungen Ehepaare aus der Familie. Diese Frauen sahen ja wirklich alle so bezaubernd aus! Ich weiß nicht, ob Cata oder Mimi die Schönste war, aber auch Helene Michaelsen und die anderen waren entzückend – und alle in so eleganten Sommertoiletten. Onkel Herbert strahlte vor Stolz über seine Familie! An Unverheirateten waren nur Ally, Evi und ich mit Max, Percy und diesem Dr. jur. v. Sch. aus Wien, der in Bremen an einer Bank ist und den Du letzten Winter mal abends bei uns kennenlerntest. Ich ging mit ihm zu Tisch. Onkel Herbert hatte Max und Percy von mir weggesetzt, damit wir nicht cliquen sollten. Jetzt, wo Fräulein Kaiser weg ist, steckt Heinrich die Blumen ein, und er stopft immer viel zuviel in die Vasen und Schalen. Ich hätte es ihm so liebend gern abgenommen, denn für mich gibt es nichts Schöneres als das. Aber als ich ihn dieserhalb fragte, war er furchtbar gekränkt und fragte: «Hat Herr Berck sich beklagt, daß ich's nicht schön genug mache?» Na – also natürlich ließ ich ihm seine Freude! Es war nun aber so, daß bei Tisch niemand sein vis-à-vis sehen konnte, und das war doch ungeschickt. Auch Percy und ich konnten uns absolut nicht sehen! Als Heinrich mir nun irgend etwas servierte, legte er einen kleinen zusammengefalteten Zettel neben meinen Teller. Ich las folgende Bleistiftworte: «Daisy, where are you? – I can't see you, what an awful arrangement!» Ich wurde knallrot, behielt den Zettel erst in der Hand und steckte ihn dann in die Tasche. Leider hatte Dr. v. Sch. den Zettel gesehen, aber natürlich nicht gelesen. Bis dahin hatte ich mich sehr gut mit ihm unterhalten, er hatte wirklich sehr interessant aus Wien erzählt. Aber nun kam irgend etwas aus ihm heraus, was ich im Winter schon bemerkt und was mich abgestoßen hatte: etwas Dringliches und Herausforderndes. Er fragte sofort: «Haben Sie eben einen Liebesbrief bekommen?» Ich antwortete: «Nein, keineswegs.» Und er darauf: «Das glaube ich aber *doch*, denn sonst hätten Sie den Zettel doch zerrissen und nicht in die Tasche gesteckt.» Ich: «Es war eine wichtige Adresse, die ich aufheben muß.» Er: «Die Adresse hätte doch wohl bis nach dem Essen Zeit gehabt.» Ich: «Manchmal sind Eilboten nötig.» Er war nun also verärgert. – Nach dem Mokka gingen wir alle in den Garten, er links neben mir und Percy rechts. Sch. sagte zu Percy: «Sie haben ja Ihre Tischdame verlassen – in Wien ist es Sitte, daß jeder Herr mit seiner Tischdame nach dem Essen die Polonaise oder den ersten Walzer tanzt.» Percy: «In England ist es Sitte, daß nach einem Mittagessen jeder *das* tut, was er will, und außerdem sehe ich hier niemanden Polonaise oder Walzer tanzen!» Sch.: «Nein, das stimmt, aber Ihre Tischdame ist nun allein.» Percy: «Wenn Sie so besorgt sind um Fräulein P., würde ich an Ihrer Stelle jetzt hingehen und sie trösten.» Ich drehte mich um und sah Evi mit Ally und Max und Carl Berck auf dem Rasen stehen und sagte rasch: «Jetzt wollen wir alle drei zu Evi gehen und verabreden, ob wir Boccia spielen wollen oder rudern oder was sonst.» Sch. sagte gereizt: «Wenn ich Sie übrigens mit Ihrem Herrn Vetter störe, gehe ich selbstverständlich weg.» Ich darauf ganz furchtbar freundlich und boshaft: «Wie können Sie so was denken; – mein Vetter und ich sind hier ja Tage und Wochen immer zusammen und heute noch den *ganzen Abend*, da freuen wir uns ja, wenn wir Besuch haben.» Percy fragte rasch: «Daisy, tut dein Kopf noch weh?» Ich hatte mich morgens im Stall sehr gestoßen und eine Beule an der Stirn. Seine Stimme ist zauberhaft, wenn er mit mir spricht, irgendwie so verhalten zärtlich. Ich blieb stehen und fragte, ob die Beule schon blau oder grün wäre. Er strich einmal leise mit der Hand drüber und sagte: «Nein, es ist nur rot.» Darauf Sch.: «Seit wann heißen Sie denn Daisy, ich denke, Sie heißen Marga?» Ich: «Für meine englischen Verwandten heiße ich Daisy.» Gottseidank kamen die anderen uns schon entgegen und erlösten mich von dieser Kakelei.

Drei Paare wollten rudern – die zwei Boote waren unten fertiggemacht. Ich entschied mich mit Ally und einigen anderen für Boccia, Percy und Sch. ebenfalls. Die übrigen saßen auf den Bänken oder gingen spazieren. Nun war das Komische, daß ich, die ich sonst sehr schlecht spiele, heute ein lächerliches Glück hatte. Alle lachten schon, wenn ich jedesmal meine Kugel in die nächste Nähe der gelben Kugel brachte. Als wir zum Tee nachher herübergingen – Percy links und Sch. rechts von mir –, sagte Sch.: «Eigentlich wundert es mich, daß Sie solches Glück hatten beim Spiel.» Ich frage erstaunt: «Wieso?» Und Sch. darauf: «Nun, Sie kennen doch das Sprichwort: Wer Glück hat in der Liebe, hat kein Glück im Spiel.» Ich: «Ja, denken Sie mal, da bin ich eben eine Ausnahme, denn ich habe auch Glück in der Liebe.» Sch., direkt frech: «Darf ich denn schon gratulieren?» Ich: «Nein, noch nicht, der Betreffende ist Missionar in Hinter-Afrika und bringt da den Negerknaben bei, wie sie sich benehmen müssen, aber wenn er zurückkommt, müssen Sie ihn kennenlernen, und ich glaube, Sie können auch noch einiges von ihm lernen.» Er wurde blutrot und schwieg. Da Ally und Evi herankamen, sagte ich: «Wollen Sie nicht in der Vahr bei P.s und F.s Besuch machen, sie haben da sehr schöne Landsitze?» Er war noch etwas betreten, verbeugte sich aber und sagte: «Sehr gern.» Dann sagte ich es Ally und Evi, die beide reizend zu ihm waren. Nun hatte ich gehofft, ihn los zu sein, aber nein, bis zum Schluß blieb er bei mir.

Der Garten an diesem Sommertag mit all den hellen Kleidern und fröhlichen Stimmen gab eine so bezaubernde Stimmung, und Percy mit mir – auch wenn wir nicht beieinander waren – immer in geheimer Verbindung.

Endlich waren sie nach 6 Uhr alle weg. Onkel Herbert kam uns ganz gebückt entgegen und sagte: «Kinder, ich bin todmüde, ich muß mich jetzt hinlegen.» Ich ging sofort mit ihm in sein Arbeitszimmer, wo er sich auf die Chaiselongue legte, und ich deckte ihn mit zwei Decken zu, weil ich dachte: «Wärme gibt Schlaf», und er sollte nun ruhig bis zum Abendessen schlafen, damit Percy und ich allein wären. Max machte einen Besuch in der Nähe. Als ich aus dem Haus trat, stand schon Percy am Weg, der nach Nizza führt, und ich ging hinterher. Er wartete vor der Platane, machte die Arme weit auf, und ich flog hinein. Er hob mich auf, wie man ein Kind aufhebt, und ich wiege doch 112 Pfund!

Nun waren wir endlich allein – der Garten ganz leer – ganz still – unten der Fluß noch im Licht der letzten Sonnenstrahlen, die Abschied nahmen von diesem Sommertag. Percy hatte mir vormittags zwei rote Rosen geschnitten, die ich mir vorn an der Brust auf mein weißes Kleid stecken mußte. Sie waren aber nach dem heißen Tag müde und welk geworden, und als die Gäste weggingen, legte ich sie in der Garderobe in frisches Wasser. Es sah ganz leer aus, als nur noch die Perlennadel da steckte. Percy hatte es gesehen, und er hatte rasch zwei neue Rosen geschnitten, die auf dem Tisch in Nizza lagen. Er steckte sie mir an, küßte mich und sagte: «Rote Rosen gehören eigentlich nur zu Liebe und Glück, und ich habe noch nie welche verschenkt. Es ist fast alles zu schön: dieser Sommertag, die Rosen, diese Stunde und du!» – – –

Liebe Bertha, ich möchte alle seine Worte aufheben in meinem Herzen, und es ist gut, daß ich sie Dir noch mal schreiben kann, damit sie sich in mir befestigen.

Nun erzählten wir uns alles, und ich fragte ihn, ob er sich über Dr. v. Sch. geärgert hätte. Er sagte etwas zögernd: «In Wirklichkeit *nicht sehr*, weil ich fühlte, daß du nur mich liebtest, und weil du ihm nicht den kleinen Finger gabst – aber ich fand ihn anmaßend und taktlos –, so würde sich ein gut erzogener Engländer *nie* benehmen.» Ich sagte: «Ich glaube nicht, daß er richtig in mich verliebt ist, – er will nur der Beste sein, er hat einen großen Geltungstrieb, und seine Eitelkeit ist verletzt.» Darauf meinte Percy: «Na, – ich weiß nicht recht.» Aber im Grunde interessierte Sch. uns beide sehr wenig. Ich fragte, ob er nicht alle diese Frauen ganz bezaubernd gefunden hätte, und er sagte: «Ich glaube, sie waren alle bildschön, aber ich sehe sie kaum – – ich sehe ja nur *dich*.»

Um ¼ vor 8 haben wir Onkel Herbert geweckt. Der Abend war dann noch so schön und harmonisch und alles wie ein Traum!

Liebe, liebe Bertha, findest Du nicht auch erst jetzt das Leben *wirklich* schön, seitdem Du liebst? Alles, was ich hier tue, tue ich für ihn. Ich ziehe mich auch besser und sorgfältiger an, und er sieht *alles* an mir. Bei schönem Wetter muß ich nachmittags immer die

Goldkäferschuhe anziehen und beim Reiten die weißen Wasch-lederhandschuhe! –

Pastor Portig hat uns *immer* und *immer* wieder gesagt, daß nur die Leiden uns näher zu Gott führen – aber glaubst Du nicht, daß die Liebe das auch tut? Ich war noch nie so aufgeschlossen für alles Schöne, und ich kann auch niemandem mehr böse sein. Früher hätte ich mich sicher über den zudringlichen Sch. sehr geärgert – jetzt tut er mir leid. Die Sonne und der Mond haben einen andern Glanz bekommen, und es ist, als wenn ihr Licht ganz tief in mich hineinstrahlte. Fühlst Du es auch alles so anders und so viel schö-ner? Gestern fragst Du mich, wie ich mir die Fortsetzung dieser Liebesgeschichte dächte. Aber – Bertha – ich denke überhaupt nicht – ich liebe und lebe! Ich denke nur vom Morgen bis zum Abend, und wenn ich im Bett bin, schlafe ich sofort ein. Das tut mir oft so schrecklich leid, weil ich den Tag und alles Glück so gern noch einmal durchdenken möchte. – Warum soll ich mich um die Zukunft quälen, wenn die Gegenwart *sooo* schön ist?

Nun muß ich mich aber rasch waschen und anziehen, es ist höchste Zeit, und der neue Tag ruft mich.

In großer Liebe
Deine Matti

Lesmona, den 8. Juni 94

Liebe liebste Bertha!

Du fragst in Deinem heutigen Brief, ob Percy sich erinnert, daß Ihr Euch dreimal begegnet seid. Ich fragte ihn gleich, und er weiß es genau, und er erinnert, daß Du blonde lockige Haare und brau-ne Augen hast, und er würde Dich so gern einmal wiedersehen, denn ich erzähle ihm dauernd von Dir.

Liebste Bertha, wir Menschen sind doch Beester – Denke Dir, heute beim Frühstück erzählt Onkel Herbert ganz erfreut, daß es Fräulein Kaiser nun besser ginge und daß sie hoffte, bald hierher zu können. Da hatte ich schlechtes Subjekt nur den *einen* Wunsch, daß sie sich *nicht* so rasch erholen sollte, denn mit unserem Glück wäre es dann hier vorbei. Nachher, als ich es Percy berichtete, sagte er: «Es ist gar nicht so schlecht, wenn wir sie jetzt noch wegwünschen, *nichts*, was die Liebe wünscht und ersehnt, ist *ganz* schlecht, und wir wollen ihr für später ein langes Leben wünschen.»

Und dann war wieder gestern ein so bezaubernder Tag, von dem ich Dir erzählen muß. Onkel Herbert hatte keine Lust zu rei-ten, und er wollte in Leuchtenburg einen Besuch machen. Da schlug er bei Tisch vor, er wollte um 4 mit Percy und mir nach Bruns' Garten fahren, da mit uns Kaffee trinken, dann seinen Besuch machen und uns nach $1^1/_2$ Stunden wieder abholen. Und so saßen wir ganz unten auf der Bank, dicht bei den Wiesen und Feldern, die Du sicher noch von Hoheneichen erinnerst. Der Kaffee und der Butterkuchen und alles war so schön und Onkel Herbert mit uns in bester Laune. Percy rauchte aber wieder so viele Zigaretten, und Onkel Herbert ermahnte ihn, das doch nicht zu tun – es sei nicht gut für seine Bronchitis, die er nach der Influenza hatte. Percys Zigarettenetui lag auf dem Tisch, es ist ganz besonders schön: aus Silber und links oben das alte Roesnersche Wappen mit den drei Rosen. Ich nahm es in die Hand und fragte zum zweiten Male, von wem er es hätte. Und er sagte zum zweiten Male: «Ich sage es dir nicht, vielleicht später, wenn du älter bist.» Ich: «Ist es von einem weiblichen Wesen?» Er: «Ja, das ist es.» In meinem Innern begann schon der Vulkan zu toben, aber ich tat ganz gleichgültig und sagte nur etwas gereizt: «Wenn du jetzt bis zu unserer Abfahrt noch eine Zigarette rauchst, gebe ich dir heute nachmittag keinen Kuß mehr und komme heute abend nicht zum Gutenachtsagen nach Nizza.» Er: «Das wollen wir erst mal sehen.» Nun sah er mich wieder so furchtbar belustigt an, mit den unglaublich blauen Augen, die alles verraten, was sie denken. Ich habe noch nie so sprechende Augen gesehen! Ich stand auf und sagte: «Komm, wir wollen nach der Mühle heraufgehen, und will dir da die süße Birkenallee zeigen – da bist du noch nie gewesen, und dahin können wir auch mal reiten.»

Als wir in der Birkenallee sind, setzt er sich an den Wegrand, um sein Schuhband zuzubinden. Ich bleibe vor ihm stehen. Da nimmt er aber erst in großer Seelenruhe eine Zigarette aus dem Etui und steckt sie sich an. Dann sieht er mich ganz bezaubernd an und sagt: «Komm, Daisy, setz dich zu mir ins Moos.» «O bewahre», sage ich, «das fällt mir gar nicht ein, ich gehe jetzt weit weg, und mit den Küssen ist es für heute vorbei, *das schwöre ich dir.*» Er rief mir nach: «Daisy, du hast eben ganz sicher einen falschen Eid geschworen.» Ich lief die Birkenallee zu Ende und versteckte mich dann ein gutes Stück dahinter im Gebüsch. Leider hatte ich aber ein weißes Sommerkleid an, und er hatte mich doch wohl entdeckt, denn einige Minuten später kam er mir nach, aber gar nicht eilig, und er rauchte seine Zigarette dabei. Ich lief weg und er hinterher – es war ein richtiges «Kriegen»-Spiel. Natürlich hatte er mich sehr bald gefangen, warf seine Zigarette weg und hielt mich an beiden Händen fest. Er sagte: «Daisy, bist du böse?» Ich: «Natürlich bin ich böse, daß du rauchst, wenn ich dich *gerade* gebeten habe, es nicht zu tun.» Er: «Nein, *gebeten* hast du mich nicht, denn dann hätte ich es wahrscheinlich nicht getan! Du hast mir nur *gedroht,* daß du mir heute keinen Kuß mehr geben würdest, wenn ich es täte! – Und nun – wie ist es jetzt damit?» Er hielt mich noch an beiden Händen fest. Ich: «Du glaubst doch wohl nicht, daß ich meine Ansicht darüber geändert habe?» Er: «Wenn ich dir nun sage, wer mir das Zigarettenetui geschenkt hat, willst du mir dann einen Kuß geben?» Ich: «Nein, es ist mir *ganz einerlei,* wer es dir geschenkt hat.» Er: «Nein, es ist dir *gar nicht* einerlei. Du willst es sogar sehr gern wissen – soll ich es dir nicht doch sagen, und du gibst mir dann nachher einen Kuß?» Ich – (schon ganz schwach) –: «Percy, quäl mich nicht so.» Er: «Ich könnte dich jetzt zwingen, aber das will ich nicht – du sollst mir freiwillig einen Kuß geben», und er ließ meine Hände los. Ich: «Sage mir, von wem das Etui ist, und dann gebe ich dir *keinen* Kuß.» Er: «Das ist kein fair play, Daisy; – weißt du, daß du noch nie so süß ausgesehen hast wie jetzt – ich sehne mich sehr heiß nach deinem Mund, und das Zigarettenetui habe ich letzte Weihnachten von Tante Ellen in London bekommen.» – Ach – Bertha – ich lag sofort in seinen Armen, und er küßte mich halb tot.

Als wir durch die Birkenallee zurückgingen, mußte ich denken, daß diese Birken etwas von unserem Glück in sich hineingetrunken haben mußten, ein starker Strom ging von ihnen zu uns – ich fühlte ihre Seele, und ich sagte zu Percy, daß jedes zitternde Birkenblatt uns grüßte. – Zur rechten Zeit saßen wir wieder in Bruns' Garten, und ich fragte Percy, ob er es verstehen könnte, daß Onkel Herbert noch nichts gemerkt hätte, und er müsse doch in Liebessachen sehr unerfahren sein. Aber Percy sagte: «Wie soll er es merken, wir sind ja immer pünktlich zur Stelle.» Dann gingen wir dem guten alten Mann entgegen, er sah uns begeistert an, und wir fuhren zurück.

Abends, als Onkel Herbert seine Patience legte und Max nach Vegesack verschwand, sagte Percy: «Du hast doch heute nachmittag noch geschworen, daß du heut abend nicht nach Nizza kommen willst – wie wird es nun damit?» Ich: «Da du mich daran erinnerst, will ich jetzt stark sein und *nicht* nach Nizza gehen – ich hatte gehofft, du würdest meine Niederlage vergessen.» Er: «Vergessen? Das süße Erlebnis in der Birkenallee? Das vergesse ich *nie,* und wenn ich hundert Jahre alt werde. Du hast ja aber *geschworen,* und das will ich dir abgewöhnen. Wenn du nach Nizza kommst, will ich heute abend keine Zigarette mehr rauchen, und ich habe übrigens den ganzen Nachmittag nicht mehr geraucht – hast du das gemerkt?» Ich: «Ja, ich habe es gemerkt.» Er: «Soll ich nach Nizza gehen und da auf dich warten, bis du es dir überlegt hast? Wenn ich weiß, daß du schließlich kommst, warte ich bis morgen früh um 6.» Ich: «Nein, Percy, wir wollen jetzt einen Ausweg finden und z. B. heute nur an die Lesum gehen.»

Das taten wir, aber als wir zurückkamen und an den kleinen Weg, der nach Nizza heraufführt, sagte er: «Schade, da wartet nun unsere Bank, und die Platane wartet auf unseren Gutenachtkuß – was meinst du, Daisy?» Ich: «Falls du mir fest versprichst, mich nie wieder an meine zwei furchtbaren Niederlagen zu erinnern, will ich jetzt mit dir hingehen.» Er legte den Arm um mich und zog mich nach Nizza. Er sagte: «Ich verspreche dir, dich nie wieder daran zu erinnern, aber du sollst nicht immer schwören.» – Und dann kam unser Gutenachtkuß in Nizza, und die Platane weiß es alles. – Nun sage ich Dir auch Gute Nacht, meine liebe Bertha, denn es ist schon spät. Ich schreibe im Bett bei meinem kleinen Licht, weil ich morgens nicht fertig geworden war, und er mag nicht gern, wenn ich morgen früh gleich wieder schreibe.

In Liebe wie immer und in großer Seligkeit!

Deine Matti

PS.
Ich habe Percy erzählt, daß ich Dir *alles schreibe*. Zuerst war er *entsetzt*. Jetzt ist er schon mehr an den Gedanken gewöhnt! Ich sagte ihm, daß wir als 9jährige Kinder mit dieser Schreiberei begonnen hätten und daß es bis zu unserem Tode so bleiben würde. Das hat ihn doch sehr gerührt!

Lesmona
Abends im Bett

Liebe Einzige!
Heute kam Dein Brief mit der Bitte, Dir Blusen auszusuchen und zur Auswahl schicken zu lassen. Wie kannst Du aber denken, daß mich das belastet – Du weißt doch, wie gern ich *alles* für Dich tue. Also ich sagte es Percy sofort nach dem Frühstück, und wir verabredeten, morgen zur Stadt zu fahren, und zwar mit dem Zug, der *nach* Onkel Herbert seinem fährt. Es macht uns direkt Spaß, zusammen nach Bremen zu fahren, und ich berichte Dir dann morgen abend. Heute war wieder so was Bezauberndes, was ich Dir in meiner Seligkeit noch schreiben muß. Wir liegen bei gutem Wetter immer nach dem Essen in den Longchairs im Garten. Bei kühlem und schlechtem Wetter sitzen wir im Wohnzimmer und lesen. Aber wenn Onkel H. *nicht* zum Essen hier ist, gehen wir dann in sein Arbeitszimmer. Ich lege mich auf seine Chaiselongue und schlafe, und Percy sitzt im Lehnstuhl und liest und raucht Zigaretten. Oft kann ich aber vor Glück nicht einschlafen und vor innerer Aufregung, daß er so nahe bei mir ist und mich so oft ansieht. Das war heute auch so, und er fragte: «Why don't you sleep,

darling?» Ich sagte: «Kannst du deinen Stuhl nicht rumdrehen, dann sehe ich nicht immer deine Augen.» Er: «Ich möchte dich jetzt so wahnsinnig gern küssen, aber dann schläfst du ja erst recht nicht ein, und du *mußt* jetzt schlafen, weil wir heute morgen zu lange geritten sind, und du warst nachher so todmüde; ich drehe meinen Stuhl jetzt herum und pfeife ganz leise deine Lieblingsmelodien, dann schläfst du aber sicher ein, willst du mir das versprechen?» Ich: «Ja – ich will es versuchen – Gute Nacht, Percy.» Und dann bin ich wirklich bald eingeschlafen. Aber stelle dir vor, Bertha, dann wachte ich nachher von seinen Küssen wieder auf. Er kniete neben mir und sagte: «Daisy, es ist bald 5 Uhr, du hast zwei Stunden geschlafen, gleich kommt der Tee.»

Dieses Aufwachen in seinen Armen war doch das Schönste, was ich bis jetzt erlebt habe! Er nahm mich so leise in die Höhe und von der Chaiselongue herunter, und ich war noch ganz verschlafen, aber so wahnsinnig glücklich. – – –

Und nun, morgen abend mehr. Gute Nacht! –

Freitag abend.

Also wir fuhren heute früh 9 Uhr 30 zur Stadt und gingen zuerst zu Linsche, der ich Wäsche und Obst brachte. Percy war so süß zu ihr, und sie liebte ihn sehr, das merkte ich sofort. Dann gingen wir zuerst zu Röben, die aber keine hübschen Blusen hatten. Auch Leßmann hatte nichts Nettes. Dann aber fanden wir bei Pauly & Pfeiffer vier reizende und elegante Blusen, die sie Dir heute noch zur Ansicht schicken werden.

Während ich Deine Adesse aufschrieb, kaufte Percy mir einen bezaubernden weißseidenen Sonnenschirm, der im Laden aufgespannt war. Wir gingen nun zu Erbrich und aßen da Vanille-Eis und tranken dazu Schokolade, was ich so sehr liebe. Nun wollte ich Percy auch so schrecklich gern was kaufen, wo er mir doch dauernd was schenkt, aber er wollte es absolut nicht. Dann log ich, ich wollte in Deinem Auftrag für Deinen John ein paar Manschettenknöpfe kaufen, und ich führte ihn zu Wilkens, aber er weigerte sich standhaft, mit hinein zu gehen, und er sagte: «Daisy, mich kannst du nicht anlügen. Deine Augen sagen mir immer die Wahrheit.» So kaufte ich für ihn ein Paar sehr schöne Tula-Manschettenknöpfe. Wir fuhren schon mit dem 12-Uhr-30-Zug zurück und saßen allein im Coupé. Ich schenkte ihm die Knöpfe, die er gleich in sein Manschettenhemd hereinmachte. Aber er hatte so traurige Augen, und er sagte: «Jeder Tag bringt uns ein neues Glück, Daisy, und oft habe ich *solche* Angst, wie das enden soll, denn ich glaube, daß ein so großes Glück nicht lange dauern kann.» Ich sagte: «Percy, ich bin in einem solchen Rausch, daß ich nie weiter denken kann als von heute auf morgen, und wenn du mich so unglücklich ansiehst, blutet mir das Herz.» Es endet dann immer alles mit Küssen – mein Glück reißt ihn mit fort, und ich sage ihm tausend gute Worte. Dann vergißt er seine Angst. Wir gingen Arm in Arm zusammen unter dem neuen weißen Sonnenschirm vom Bahnhof St. Magnus nach Lesmona zurück und trafen niemand, da dieser Zug fast immer leer ist!

Nun gute Nacht, mein Engel, ich wünsche Dir, daß Du so glücklich bist, wie ich es hier bin.

Deine Matti

Lesmona, Juni 94
Montag

Liebe einzige Bertha!

Vielen tausend Dank für Deine Briefe. Ich bin ja so glücklich, daß Du mich nicht ausschiltst wegen meiner Liebesgeschichte hier! Du schreibst ja so bezaubernd, daß diese Liebe ein Gnadengeschenk sei und daß ich sie genießen soll, und Du hast es mit Deinem John auch so schön, und hoffentlich kann er noch eine Zeit bei Dir bleiben.

Und nun willst Du alles weiter wissen. Jetzt sitze ich links auf der Veranda, und Percy sitzt rechts und schreibt Geschäftsbriefe. Von Zeit zu Zeit ruft er: «Daisy, bist du noch da?» Letzten Montag hat er mir aus Bremen einen ganz zauberhaften hellblauen weichen Seidenstoff mit weißen Punkten mitgebracht für eine Bluse und Marquis-Schokolade von Frau Kropp. Eigentlich wird es jeden Tag schöner! Ich glaube, es sind gerade vier Tage her, seit ich Dir zuletzt schrieb.

Also diesen letzten Sonnabend fuhren wir alle zur Stadt für das Rennen. Wir übernachteten in Bremen, ich zu Haus bei Linsche, Onkel H. mit Max und Percy nebenan in seinem Haus. Mittags aß ich allein mit Linsche und zog mich dann um: das weiße Crêpe-Kleid aus Wiesbaden, das weiße Cape und den süßen neuen Hut mit dem schwarzen Flügel. Percy war sehr verärgert, weil sein Vetter Plessis, mit der jungen Frau von der Hochzeitsreise kommend, ihm geschrieben hatte, er sollte Tribünenplätze für sie bestellen, und sie wollten mit ihm aufs Rennen gehen. Sie wohnten bei Hillmann, und Percy fuhr von dort mit ihnen hin. Onkel Herbert fuhr selbst den englischen Wagen, ich neben ihm und Johann hinter uns. Da waren nun alle meine Ballfreunde und Freundinnen. Ich kann sie nicht alle aufzählen. Wir waren in einem dicken Klumpen zusammen auf dem Rennplatz. Auf der Tribüne saß ich brav zwischen Onkel H. und Cata.

Nachher in der großen Pause im Zelt rief Onkel H. mich heran und sagte: «Marga, geh doch mal gleich zu Plessis, sieh mal, da sitzt Percy ganz verärgert, und sie langweilen sich schrecklich.» Das tat ich nur zu gern. Percy stellte mich Plessis vor, die geradezu bezaubernd aussahen. Ich trank ein Glas Sekt mit ihnen, und wir mußten dann bald auf die Tribüne zurück. Percy brachte mich hinüber und sagte ganz wütend: «Für mich ist es ein verlorener Tag, Plessis wären weit glücklicher ohne mich, du amüsierst dich mit anderen, und die Rennen sind miserable, an den englischen Rennen gemessen.» Er sah so bezaubernd aus mit dem schwarzen Melonenhut, der ein bißchen nach hinten von der Stirn wegsaß, wie die Engländer es tragen. Ich sagte: «Ich bin gar nicht wütend, ich bin wahnsinnig glücklich, weil ich hier mit dir zusammen unter demselben blauen Himmel bin, mit dir zusammen auf demselben grünen Rasen, und heute abend bei Hillmann tanzen wir zusammen, und ich zähle die Stunden bis dahin, und *vielleicht* spielt die Musik unseren Straußwalzer, aber das wäre wohl zuviel des Glücks.» Er sah mich so verliebt an, daß ich erschrak. Ich sagte: «Es ist ein wahrer Segen, daß wir nicht den ganzen Nachmittag hier zusammen herumlaufen, es würde ja ein entsetzlicher Klatsch daraus werden, und so hat es niemand gemerkt.»

Nun waren wir an der Tribünentreppe angelangt, und ich fing an, hinaufzugehen. Da rief er: «Daisy, bitte hör noch mal. Ich muß ja erst Plessis noch holen!» Ich sah zu ihm hinunter, und er sagte: «Daisy, nun bin ich auch wieder glücklich, du hast mich ganz getröstet mit allem, was du gesagt hast, und heute abend tanzen wir Walzer, and to-morrow, darling, what will happen to-morrow?» Ich war so selig wie noch nie in meinem Leben. – – –

Onkel Herbert fuhr vor den letzten zwei Rennen mit mir weg. Er wollte sich noch hinlegen, und ich war froh, mich in Ruhe umziehen zu können für das kleine Souper, das Onkel H. abends bei Hillmann gab. Ich war so glücklich, als ich oben Linsche fand und ihr erzählen konnte, wie selig ich sei. «Ja», sagte sie, «das sieht man schon so, das brauchst du mir gar nicht zu erzählen.»

Liebste Bertha, wenn Du das nun folgende Gespräch gehört hättest, würdest Du sicher sehr gelacht haben, und ich will es, so gut es geht, hinschreiben:

Ich: «Ich will das hellblaue Kleid anziehen, das steht mir am besten, aber eigentlich finde ich mich viel zu häßlich für ihn, – wenn ich doch bloß schwarze Augen hätte.»

L.: «Du dummer Fratz, du, mit den grauen Augen hast du ja auch schon genug Unheil angerichtet.»

Ich: «Gottseidank sind die Sommersprossen ganz weg.»

L.: «Mir wäre es lieber, sie wären noch drauf, vielleicht wäre dann dieses alles nicht.»

Ich: «Soll ich nun die hellblauen Schuhe oder die schwarzen Lackschuhe anziehen?»

L.: «Auf die Füße wird er dir wohl nicht gucken, das wird ihm wohl einerlei sein, was du für Schuhe anhast.»

Ich: «Da irrst du aber sehr, gerade die Füße mag er sehr gern, und er hat sie auch schon geküßt.»

L.: «Marga, das klingt ja wie eine Gotteslästerung, das ist doch wohl nicht wahr? Wie denn? Auf die Schuhe oder auf die Strümpfe?»

Ich: «Im Boot ziehe ich immer meine Schuhe aus, da hat er die Füße in den Strümpfen geküßt, und einmal, als ich den Fuß verletzt hatte, hat er ihn verbunden und nachher geküßt.»

L.: «Mir geht die Luft aus, was küßt er dir denn sonst noch?»

Ich: «Wie dumm, er kann doch nur ans Gesicht ran – überall sonst ist doch Zeug darüber.»

L.: «Gottseidank, daß da Zeug drüber ist. Oh, wenn Herr Konsul das alles ahnte, er würfe dich und den Engländer gewiß in die Weser.»

Ich: «Er ahnt es ja aber Gottseidank nicht, und deshalb brauchst du dich doch auch nicht aufzuregen, denn es passiert nichts Böses. – Du bist aber doch eine alte Ziege, daß du dich von dem netten Vetter nicht hast küssen lassen, der dich so liebte.»

L: «O Gott, nun kommt *das* wieder – hätt' ich dir das doch nie erzählt.»

Ich: «Ja, deshalb bist du nun so ein Tranpott geworden, aber ich liebe dich trotzdem ganz wahnsinnig.»

Nachher mußte Linsche mich frisieren, die es besser kann als ich. Nachdem ich es zweimal wieder aufgemacht hatte, sagte sie: «Ich kann es nicht begreifen, daß mit einem Mal diese vermaledeite Eitelkeit in dich gefahren ist. Früher war dir das doch ganz einerlei.»

Ich: «Ja, jetzt bin ich eben verliebt, das ist der Unterschied.»

L.: «Der Hund sieht dich auch immer ganz erstaunt und erschrocken an, und er weiß nicht, was er darüber denken soll.»

Ich: «Ja, das hab' ich wahrhaftig auch schon gemerkt, natürlich fühlt er, daß was los ist, aber ich will ihn nachher trösten.»

Onkel Herbert fuhr nun mit mir allein zu Hillmann. Er hatte ein Privatzimmer bestellt, wir waren sechzehn Personen. Als Percy mit dem blendend sitzenden englischen Frack hereinkam, fand ich, daß ich noch nie einen so gut aussehenden Mann gesehen hätte. Er saß mir beim Essen schräg vis-à-vis zwischen Béatrice und Frau Plessis. Ich saß zwischen Herrn Plessis und Carl Fr. Als der Sekt kam, nahm Percy sein Glas, hob es etwas zu lange zu mir hin trank mir zu. Er sah mich dabei so an, daß ein Blitz von ihm zu mir herüberzuckte. Ja, ich hätte keine Angst zu haben brauchen, daß ich nicht lieben könnte!!

Wie froh war ich, als das Essen vorbei war und wir alle in den Tanzsaal herübergingen. Den ersten Tanz mußte man mit seinem Tischherrn tanzen, wie das immer ist. Percy tanzte mit Frau Plessis – es war ein bezauberndes Paar. Ich sah plötzlich, als die Musik zu Ende war, wie er mit ihr vor der Kapelle stand und mit dem Kapellmeister redete. Dann reichte er ihm etwas hinauf. Ich fragte Karl Br., was denn Percy da wohl eben gemacht hätte. Er sagte: «Ach, der Vetter, der englische Vetter, der ist ganz und gar in dich verschossen, der hat jetzt irgendein Lieblingslied von dir bestellt.» Ich ahnte nicht, daß man das könnte, das hatte ich jedenfalls noch nie erlebt. Percy brachte Frau Plessis zu ihrem Mann zurück und schoß dann zu mir herüber. Er nahm mich in den Arm, und einige Minuten später spielte die Musik *unseren* Strauß-Walzer «G'schichten aus dem Wiener Wald». Nun war es heute schon wieder ganz anders wie vor acht Tagen in Vegesack. Ja – wie soll ich das sagen? Es wurde immer schlimmer und immer schöner. Wir tanzten und waren beide doch ganz woanders. Er sagte immer leise und süße Sachen zu mir herunter. Er möchte jetzt am liebsten mit mir wegfahren nach London und weg von all den vielen Menschen. Ich antwortete, daß ich es so fühlte, als wären wir hier auch ganz allein, und alle Menschen wären für mich versunken. Dann sagte er: «Daisy, für heute und morgen abend habe ich noch eine Überraschung für dich.»

Du kannst es Dir gar nicht denken! liebste Bertha, wie göttlich schön dieser Abend war!

Ich flehte ihn nun an, mit Béatrice zu tanzen, die er doch aus London her kannte. Er tat es aber ganz widerstrebend. Mich holten alle meine anderen Freunde, aber ich wußte immer, wo Percy war. Und dann flog ich wieder in seine Arme, und er sagte: «Weißt du, Daisy, daß du mir noch nie gesagt hast, ob du mich liebst?» Ich sagte zurück: «Ich weiß es ganz fest und sicher, daß ich dich liebe, aber noch nie so stark wie heute abend. Und weißt du, daß du es mir auch noch nie richtig gesagt hast?» Da sah er mir während des Tanzens ganz furchtbar ernst in die Augen und sagte: «Ich sage es dir erst Montag.»

Um 12 war Onkel Herbert wieder müde, und wir hatten doch erst drei Stunden getanzt, während er doch im Lehnstuhl saß und gar nicht müde zu sein brauchte, – aber wir mußten weg. Percy und Béatrice gingen mit uns. Wir gingen zu Fuß und lieferten zuerst Béatrice ab, dann wurde ich bei uns abgesetzt. Ich umarmte Onkel H. und bedankte mich, und Percy drückte meine Hand. – – –

Wilhelm war aufgeblieben. Er sagte gleich in der Haustür: «Für Fräulein Marga ist etwas so wunderbar Schönes angekommen, ich habe es nach oben gebracht.» Und oben saß Linsche im Schlafrock am Tisch und sagte: «Wenn *das* Herr Konsul ahnte, der flöge hoch in die Luft und käme vor Aufregung gar nicht wieder herunter.» Ich lief in mein Wohnzimmer, da stand ein Strauß von roten Rosen, wie ich noch keinen gesehen hatte. Auf dem Couvert stand «Fräulein Marga Berck, erst abends nach 10 Uhr an Adressatin abzugeben.» Und drin war eine Karte: «Gute Nacht, Daisy.» Ich stellte die Rosen in mein Schlafzimmer und schlief ganz wunderbar trotz ihres starken Duftes.

Liebste Bertha, Du glaubst ja nicht, wie komisch Pieter jetzt ist! Das Tier merkt genau, daß ich anders bin. Er sieht mich dauernd fragend an, oder er kommt mit den Pfoten auf mein Knie und kratzt und sagt: «Was fällt dir ein, ich bin doch auch noch da.»

Gestern, Sonntag morgen, frühstückte ich mit Linsche, und sie sagte: «Was willst du nur zu Onkel Herbert sagen, woher du die Rosen hättest?» Ich zerbrach mir den Kopf darüber, und es paßte mit *keinem!* Endlich fuhr ein Blitz in mich, und ich sagte: «Papachen W., – der schickt mir ja wirklich oft Blumen, und Onkel Herbert kann ihn nicht leiden, und er wird ihn doch sicher nie fragen, *ob* er sie mir geschickt hätte.»

Um 10¼ sollte ich bei Onkel Herbert sein, dann sollten wir mit seinem Wagen wieder hinaus. Um 10 kommt Béatrice und sagt: «Marga, ich bin so entsetzlich verliebt in Percy Roesner, *kannst* du es nicht machen, daß ich ihn wiedersehe – er ist ja zu himmlisch, aber natürlich ist er ja in dich verliebt.» «Woher weißt du das denn?» frage ich. Sie sagt: «Na, das war ja nicht schwer zu sehen, er sah dich ja dauernd an und tanzte eigentlich nur mit dir – von wem sind denn die roten Rosen?» Ganz selig log ich: «Vom alten Oberstleutnant v. W.» «Ja», fing sie wieder an, «lade mich doch mal nach Lesmona ein.» Ich schlug ihr vor, mit hinüberzukommen, weil wir ja gleich dort abführen. Da stimmte sie begeistert zu. Ich umarmte und küßte Linsche, und sie flüsterte mir zu: «Du Satan, treib's nicht zu weit, es rächt sich alles.»

Wilhelm trug meine Handtasche nach nebenan, und ich hielt meine Rosen im Arm. So gelangten Béatrice und ich zum Wagen, der schon vor der Tür stand. Max und Percy kamen heraus und waren über Béatrices Anwesenheit sichtlich erschrocken. Das arme Kind tat mir *schrecklich* leid, und ich schämte mich über mein Glück. Als Onkel H. herauskam, fragte ich ihn, ob Béatrice nicht einen Nachmittag und Abend herauskommen könnte, und Onkel H. lud sie sofort ein. Percy stand dabei und starrte auf mich und die Rosen, die ich im Arm hielt. Dann fuhren wir los, und die arme Béatrice trottete allein weg.

Nun saßen Onkel Herbert und ich im Fond, Percy und Max uns vis-à-vis. Onkel H. sieht die Rosen und sagt: «Mein Gott, Marga, woher hast du denn diesen Rosenstrauß?» Ich log frisch und fröhlich in sein Gesicht: «Von Oberstleutnant v. W.» Da sagte er ganz wütend: «Das ist ja unglaublich, so ein alter Kerl, schickt einem 18jährigen Mädchen eine solche Liebesgabe.» Ich sprang heftig für ihn ein und sagte, er sei doch mit den Eltern sehr befreundet, und er schickte Mama und mir sehr oftmals Blumen. Percy sah mich ganz *ungeheuer* belustigt an, aber Max pruschte los, weil er die Sache durchschaute. Der ahnungslose Onkel H. sagte darauf: «Ja, Max hat recht, man kann nur darüber lachen.»

Unterwegs machte Onkel Herbert wieder seinen Tagesplan, der ziemlich auf die Minute so ablaufen muß: «Also wir sind vor 12 in Lesmona, je nachdem Johann die Pferde laufen läßt. Ich will dann mit Addix und Elise abrechnen, und Ihr müßt mich nicht stören. Dann will ja Percy seine Überraschung für heute abend vorbereiten, und ich besuche inzwischen mit Marga Frau Iken. Das kommt also bis Mittag gut so aus.» Als wir in Lesmona ankamen, stieg Onkel H. zuerst aus und rief: «Marga, die Rosen will ich unten nicht haben, die kannst du mit in dein Zimmer nach oben nehmen.» Ich hatte sie die ganze Zeit im Arm und war ganz selig, daß ich sie mit hinaufnehmen konnte. Percy, Max und ich bogen uns vor Lachen! Percy flüsterte mir zu: «Kommst du jetzt nach Nizza?» Ich nickte, mußte aber erst die Rosen abschneiden und ins Wasser stellen. In diesen Minuten setzte sich Percy ans Klavier und spielte ganz leise den hinreißenden Walzer von Lanner und sang dazu: «Habe so lange mein' Schatz nicht gesehn, Schatz nicht gesehn, Schatz nicht gesehn.»

Als ich nach Nizza kam, war Percy schon da. Und nun fehlen mir wirklich die Worte, um Dir zu sagen, wie bezaubernd er war und was er mir alles sagte. Liebe Bertha, Du weißt doch noch, wo Nizza ist? Du warst ja so lange nicht hier! Es sind die drei Bänke auf halber Höhe des Hügels, die in einem Halbkreis stehen, davor die Platane und der himmlische Blick auf die Lesum. Großmama sagte immer, hier wäre man vor Wind und Menschen geschützt, und deshalb nannte sie den Platz Nizza.

Dieser Tag sollte nun so viel rasend Komisches bringen, daß ich wirklich an unsere Schulzeit erinnert wurde, wo wir uns immer vor Lachen ausschütteten. Bei Tisch sagt Onkel Herbert: «Sag mal, Marga, hast du eigentlich deinen Eltern geschrieben, daß Fräulein Kaiser weg ist?» Ich: «Nein, das wollten wir doch erst später tun.» Onkel H.: «Ja, es ist mir aber doch etwas ungemütlich, wenn sie es nachher vielleicht von anderen erfahren, aber ich will dich doch so schrecklich gern hierbehalten, und was sollte dir hier unter meiner Hut wohl passieren?» Ich starrte auf meinen Teller und betete, daß Max nicht lachen sollte. Er lachte aber trotzdem, und zwar ganz furchtbar. Max sagte dann: «Entschuldigt bitte, daß ich lache, ich finde es nur so albern, daß Marga sonst immer so bewacht wird.» Der ahnungslose Onkel H. glaubte es wieder und sagte: «Ja, hier kann sie sich jedenfalls frei bewegen.»

Als letztes kam nun noch beim Kaffee auf der Veranda die Sache mit Johann zur Sprache. Onkel Herbert wollte ihm wirklich kündigen. Ich war ganz außer mir und sagte: «Er ist nun schon fast dreizehn Jahre bei dir, und wenn er wirklich zweimal im Jahre Delirium hat, so ist das doch nicht so schlimm.» So ging es eine Zeitlang hin und her, und schließlich sagte Onkel H.: «Marga, man sollte fast meinen, daß Johann dir mal einen großen Gefallen getan hat, weil du ihn jedesmal so intensiv verteidigst.» Da stand Percy auf und ging in den Garten. Max wußte ja Gottseidank von *dieser* Angelegenheit *nichts*.

Nun kann ich kaum noch schreiben, aber ich muß Dir noch von der Überraschung erzählen. Vor dem Abendessen um $^1/_2 8$ rief uns Percy ins Wohnzimmer. Er setzte sich ans Klavier und sagte: «Dies ist ein Lied von Schubert, die Worte sind von Shakespeare, und es heißt ‹An Sylvia›.»

Ja – liebe Bertha – er sang das schönste Lied, das ich je gehört habe, und er begleitete sich selbst mit solch hinreißendem Schwung. Ich verstand die Worte nicht gleich, aber ich verstand: «– ist sie schön und gut dazu – ihrem Aug' eilt Amor zu und verweilt in süßer Ruh – und verweilt in süßer Ruh.» Es waren aber drei Verse. Als er fertig war, sagte Onkel H. geradezu ergriffen: «Mein Gott, Percy, das hast du ja ganz göttlich gesungen, und es ist ja ganz wunderbar, daß du dich auch so begleiten kannst. Du mußt es aber jetzt noch ein zweites Mal singen.» Max war auch ganz begeistert, und ich schwieg. Was sollte ich nun vor den anderen sagen? Da sagte Onkel Herbert: «Marga, ich finde es nicht nett von dir, daß du ihm kein freundliches Wort sagst, wo er dich doch so gern hat – warum sagst du ihm denn nichts?» Ich wurde einer Antwort überhoben. Percy hatte mein Schweigen nur zu gut verstanden, er warf mir einen bezaubernden Blick zu und setzte sofort mit der Begleitung ein, und dieses zweite Mal sang er das Lied nicht an Sylvia, sondern an Daisy. Die ersten Worte heißen: «Was ist Sylvia, saget an», so sang er: «Was ist Daisy, saget an.» Als er fertig war, ging ich zu ihm hin, gab ihm die Hand und wollte etwas sagen, aber es kam nur heraus: «Percy» – er sah, daß eine Träne mir übers Gesicht lief, und er sagte: «Daisy» – es waren nur die zwei Namen gesagt, aber sie lagen irgendwie schwer und zärtlich im Raum, und ich glaube, in dieser Minute hat Onkel Herbert was gemerkt.

Nun kann ich nichts mehr als Dich umarmen, meine liebe einzige Bertha!

Deine glückliche Matti

Lesmona, Montag, Juni 94

Liebste einzige Bertha!

Am letzten Montag schrieb ich Dir einen endlosen Brief, das sind acht Tage her, Percy und ich schrieben beide den halben Vormittag. Da nahm er mich so um 12 nach Nizza und sagte, wir müßten jetzt einmal *ernst* zusammen sprechen. Ja – wir hatten wirklich bis dahin nur wie im Traum gelebt. Ich hatte in all dem Glück auch nie an die Zukunft gedacht. Wir setzten uns auf die Bank, und ich will mir nur Mühe geben, es alles richtig zu wiederholen.

Er fing damit an, weshalb er mir noch nie gesagt hätte, daß er mich liebte. Das wollte er mir jetzt erklären. In England würden ihnen gleich als kleinen Jungens gewisse Grundsätze eingehämmert. Ein Junge sollte lieber zehnmal sagen: «*I believe*» oder «*I think so*» als «*yes*» – – – sie sollten nie etwas *schwören*, wenn sie es nicht gleichzeitig auch vor Gott schwören könnten, und nie Superlative gebrauchen, wenn man mit dem Positiv auskommen könnte. Er hätte schon viele Mädchen geküßt und noch *nie* einer gesagt, daß er sie liebte. Er hätte alle sofort wieder weggeworfen und vergessen, und sie hätten ihm *nichts* bedeutet. Diese Liebe zu mir hätte ihn ganz umgeworfen, und er hätte auf einen ganz stillen Tag gewartet, um mir alles zu sagen. Da stand er auf und zog mich an beiden Händen zu sich hinauf. Er hielt meinen Kopf mit seinen Händen fest, küßte mich auf den Mund und sagte: «So, nun will ich dir jetzt schwören, daß ich dich liebe!» – Schöner, ernster und feierlicher könnte es kein Mann aussprechen.

Nun setzten wir uns wieder hin, und er sagte: «Siehst du, ich muß jetzt in fünf Tagen weg, und da muß ich es dir doch alles vorher sagen. Ich verdiene jetzt 20 £ im Monat, das sind 400 M deutsches Geld, und dann habe ich die Zinsen von dem Teil meines Erbteils, das mein Schwager mir ausgezahlt hat. Unser übriges Erbteil hat er von meinen Brüdern und mir in unserem alten Geschäft «Roesner Brothers» behalten und rückt nicht damit heraus. Natürlich wird er es eines Tages müssen. Meine Schwester ist ganz in seiner Hand, sie ist lieblos zu uns, und keiner von uns Brüdern geht mehr zu ihnen hin. Ich habe jetzt eine gute Stelle durch Onkel Christian Berck und kann da weiterkommen. So für mich allein kann ich natürlich sehr gut leben, aber London ist sehr teuer, und bis ich dir eine Existenz schaffen kann, wie du sie als Minimum haben müßtest, würden *mindestens* fünf Jahre vergehen.» Er stand plötzlich auf und wühlte mit dem Fuß einen dicken Stein aus der Erde, den er dann mit einem großen Schwung den Abhang herunterschleuderte. Dazu sagte er: «Ich will kein Geld von deinem Vater haben.» Ich fragte: «Dachtest du eben, der Stein wäre mein Vater, als du ihn herunterwarfst?» «Nein», sagte er, «aber ich dachte, es sei sein Geld. Daisy, ich weiß, daß es ein ungeheuerliches Verlangen von mir ist, dich fünf Jahre auf mich warten zu lassen. Für mich bedeuten fünf Jahre *nichts*, wenn ich die Aussicht habe, daß du dann meine Frau wirst.»

Liebste Bertha, ich war so erschüttert und so furchtbar erschrokken, daß ich gar nichts sagen konnte. «Ja, siehst du», sagte er, «ich sehe dir an, wie es dich erschreckt hat, es gibt hier aber nur ein ‹Entweder – Oder›.» Er setzte sich zu mir und küßte mich, und ich sagte: «Wie furchtbar ist es, daß diese glückliche Zeit nun so schrecklich enden muß.» «Ja, Daisy», sagte er, «es war vielleicht *zu* schön, und nun sage mir, ob du warten willst.»

Es kam eine solche Qual über mich und die Angst vor Papa und vor allen Kämpfen, daß ich sagte: «Percy, es ist eine furchtbare Frage, und ich glaube, daß ich fünf Jahre nicht warten kann. Papa würde außer sich sein, und denk mal, du dort und ich hier, wir sehen uns dann nie, und dann wird es vielleicht zum Schluß so wie mit Georg und Elly, die fünf Jahre getrennt sind und sich jetzt nur heiraten, weil sie nun mal so lange gewartet haben. Ich glaube wirklich, daß ich es nicht kann. Du bist so jung und wirst mich doch hoffentlich bald vergessen, es gibt doch so viel viel schönere Mädchen, als ich es bin.» Da sagte er: «Daisy, das sagst du fortwährend, und das ist richtig dumm von dir. Man liebt doch ein Mädchen nicht nur, weil es schön ist. Ich liebe dich, weil du Daisy bist, und die gibt es auf der ganzen Welt nicht wieder. Siehst du, zuerst verliebte ich mich in das, *was* du sagtest und *wie* du es sagtest, in die Art, wie du Onkel Herbert die Wahrheit ins Gesicht sagtest, und wie du ihn anlogst, und dann erst verliebte ich mich in deine Augen und deinen Mund und in alles andere.» Nun lag ich schluchzend an seiner Brust, und er war ganz außer sich, daß ich so unglücklich war.

Liebe Bertha, von dieser Stunde an war es mit meinem Glück zu Ende, innerlich war ein Riß. Fünf Jahre warten, ohne ihn zu sehen, wie furchtbar! Inzwischen die Kämpfe mit Papa, immer herumreisen, – Du in Hannover, – und Bremen ist doch leer ohne Dich, und immer diese Angst vor den fünf Jahren. Er war ja so zauberhaft zärtlich zu mir und sagte, ich sollte mich beruhigen, wir wollten an die Lesum herunter. Es war ein sehr heißer Tag, und ich wollte im Badehaus baden. Percy schwamm noch ein zweites Mal draußen. Nach dem Bad saßen wir zusammen auf den kleinen Sesseln vorm Badehaus und sahen ins Wasser. «Ja, siehst du,» sagte er, «so wie die Wellen strömt auch unser Leben immer weiter – aber wohin werden wir getrieben?» ? – ? –

Wir gingen dann nachher sehr still und Arm in Arm wieder hinauf. Diese letzten Tage sind ganz entsetzlich. Du bist so weit weg, und ich sitze dann nach seiner Abreise hier allein mit Onkel H. und Max. – Daß ein so schöner Traum *so* enden muß!

Es umarmt Dich

Deine unglückliche
Matti

Lesmona, Sonnabend, Juni 94

Liebe einzige Bertha!

Was könnte ich jetzt Besseres tun, als Dir schreiben? Er ist heute morgen abgereist, und ich bin gänzlich gebrochen. Gestern abend haben wir uns im Mondenschein in Nizza Lebewohl gesagt. Er hat nachher noch unseren Lieblingswalzer «G'schichten aus dem Wiener Wald» gespielt, singen wollte er nicht mehr – und dann plötzlich nach zehn Minuten macht er *doch* das Klavier wieder auf und singt den Song, nach welchem er mich damals zum ersten Mal küßte:

«Just one girl in the world for me.
There may be others you know,
But they're not my pearl!»

Ja, es fehlen mir die Worte, um diese lastenden Stunden zu beschreiben. Heute nach dem Frühstück steckte er mir einen kleinen Brief zu und sagte: «Lies ihn in Nizza.» Dann fuhr er mit Onkel H. weg. Ich ging sofort nach Nizza und las da diese Worte:

«Sonnabend

Daisy, meine süße Daisy!

Wenn Du dies liest, bin ich von Dir weg, und ich weiß, daß Du traurig bist, und es quält mich, daß ich Dir Kummer mache. Wir wollen beide an alles Glück dieser Wochen denken! Ich danke Dir für alles, und wenn Du unglücklich bist, so denke, daß ich Dich zu jeder Stunde und zu jeder Minute küsse – – –

Und nun schiebe mal die mittlere Bank ab, auf der wir immer saßen. In der Mitte der Graswand ist ein Stein gelockert, und damit Du ihn gleich findest, habe ich ein Stück weißes Papier

57

drüber gesteckt. Den Stein zieh heraus, und dann findest Du etwas, was ich Dir schenke. Ich nehme Dich in die Arme und sage Dir, daß ich Dich liebe.

Dein Percy.»

Aufgelöst vor Liebe und Kummer zog ich den Stein heraus, fand einen kleinen Kasten von Wilkens und darin ein goldenes Kettenarmband, am Verschluß ein kleines goldenes Herz, das ich öffnete. Darin war eingraviert «Lesmona». Das Armband darf ich ja jetzt nicht tragen, weil Onkel H. es sehen würde. Ich trage es an einem seidenen Faden um den Hals, und es ruht an meiner Brust. Später sage ich den Eltern, ich hätte es von Dir und John.

Nun schreibe mir bald und tröste mich.

In inniger Liebe
Deine Matti

Sonntag, Juli 94
Lesmona

Liebe liebste Bertha!
Onkel Herbert ist weggeritten – ich kann nicht mit, weil ich zu elend bin, und ich will Dir nun alles schreiben. Am besten ist es, ich lege Dir meinen Brief an Percy, den ich als Kladde schrieb, mit ein. Darauf siehst Du alles.

«Mein lieber lieber Percy!
Nun bist Du schon über eine Woche weg, aber ich bin noch ebenso unglücklich. Welche Worte soll ich finden, die gut und zärtlich genug sind, damit Du mich verstehst und mir nicht zürnst! Deine beiden ersten Briefe brachte mir boy Fritz mit dummem Grinsen, und ich hätte ihn gern mit der Peitsche dafür durchs Gesicht geschlagen. Deinen dritten Brief brachte heute Heinrich beim ersten Frühstück herein mit der anderen Post, die er wie immer sonntagmorgens an Onkel Herbert gab, der sie verteilte. Onkel H. gab mir Deinen Brief. Nach dem Frühstück sagte er: ‹Marga, bitte komm in mein Arbeitszimmer›, und er rollte die Schiebetür hinter mir zu. Er war aufgeregt und fing an: ‹Ich habe dir heute morgen einen Brief von Percy gegeben, und wahrscheinlich war es nicht der erste. Ich habe erst in den letzten Tagen gemerkt, daß der arme Junge eine ganz große, ernsthafte Liebe für dich hat, und wahrscheinlich bist du auch nicht unbeteiligt?› Ich: ‹Wie kann ich denn unbeteiligt sein, wenn ich hier lange Wochen mit einem so bezaubernden Jungen zusammen bin, der in mich verliebt

ist.› Onkel H.: ‹Also es ist erstens ganz *ausgeschlossen, daß* diese Sache weitergeht, weil er ja viel zu jung ist und weil dein Vater es *nie* erlauben würde, und zweitens versprichst du mir jetzt, daß diese Schreiberei aufhört. Hier geht es nicht, und bei deinen Eltern geht es noch weniger. Versprich, daß du es heute noch an Percy schreibst, und sage mir heute abend, ob du es getan hast. Wenn du es nämlich *nicht* tust, schreibe oder sage ich alles deinem Vater.› Ich sagte sehr aufgeregt: ‹Da ist gar nichts zu sagen, denn es ist nichts geschehen, als daß zwei junge Menschen sich gern haben. Im übrigen bin ich mir schon selbst darüber klar geworden, daß das mit dem Schreiben nicht geht.› Onkel Herbert küßte mich und sagte: ‹Gut, sage mir heute abend Bescheid, ob du ihm geschrieben hast.›

SiehstDu, lieberPercy, so ist es gewesen, und ich kann eigentlich nichts hinzufügen. Du wirst meine zwei ersten Briefe bekommen haben. Daß dies der letzte sein soll, ist mir so entsetzlich, und ich denke nur mit Grauen an die Stille, die jetzt folgen wird. Man kann es doch nicht fassen, daß nach der Seligkeit dieser Wochen jetzt dieses schreckliche Ende kommen muß. Ich danke Dir für alles Glück, das Du mir geschenkt hast, nicht mit leeren Worten, aber mit einem langen Kuß.

Deine Daisy.»

Liebste Bertha, hoffentlich findest Du meinen Brief richtig, und nun zittere ich vor seinem großen Schweigen.

Montag: Gestern abend fragte Onkel H., ob der Brief an Percy geschrieben sei. Ich sagte: «Ja, er ist abgeschickt.» Da küßte er mich und sagte: «Schade, dieser traurige Abschluß nach den schönen Wochen, aber ich verspreche dir, deinen Eltern nichts davon zu sagen.» Onkel H. fühlt sich natürlich doppelt verantwortlich, weil er den Eltern nicht schrieb, daß Fräulein Kaiser abwesend war!!!

Percy bat mich am Tage vor seiner Abreise, irgendeinen kleinen Vers in sein Notizbuch zu schreiben, das er täglich gebraucht, und ich schrieb diesen Vers, den ich mal las:

«Eine Blüte vom Baum,
Ein glücklicher Traum,
Ein lachender Mai,
Wie schnell geht's vorbei.
Erinnerung glüht,
Sie ist keine Blüt',
Kein Traum und kein Mai,
Geht niemals vorbei.»

Du fragst, ob Béatrice nun hier gewesen wäre. Wir luden sie mit anderen ein, und da sagte sie ab. Sie schrieb mir, es hätte keinen Zweck, es würde sie zu traurig machen. Als ich es damals Percy erzählte, sagte er so ganz einfach: «Denke dir, wie schrecklich, so etwas passiert mir fortwährend, ich begreife gar nicht, was die Mädchen an mir haben.»

Nun kommt heute noch Fräulein Kaiser wieder, und ich schrieb den Eltern letzte Woche, daß sie diese Zeit fort war. Sie sollten nicht böse sein, daß ich es nicht vorher geschrieben hätte. Ich hätte Angst gehabt, daß sie mich nach Wildungen kommen lassen würden. Sie haben darauf nichts geantwortet. Max ist wie ein Bruder zu mir. Er neckt mich oft und sagt «Witwe Percy», er ahnt natürlich nicht, wie nahe mir alles geht. Max hat einen bösen Furunkel, sonst wäre er nach London mit zurückgereist.

Schreibe mir bitte, ob Du mich schlecht findest wegen der fünf Jahre, die ich nicht warten kann.

In Liebe küßt Dich
Deine Matti

Lesmona, Juli 94

Liebste liebe Bertha!
Die Eltern sind nun längst wieder da, und Georg ist auch aus Shanghai seit einiger Zeit zurück. Wäre ich nicht so durch meinen Kummer um Percy abgelenkt, hätte mich das alles ja sehr interessiert, da er doch nach fünfjähriger Trennung nun Elly wiedergesehen hat. Ich war auch zweimal in der Stadt, um die Eltern und das Brautpaar zu sehen. Jetzt war Anna aus Oberneuland einige Tage bei Großmutter Quentell in Lesum und kam oft zu mir herübergerudert. Sie war so lieb und reizend. Wir saßen im Boot oder vorm Badehaus. Von Percy sagte ich ihr kein Wort. Nun habe ich keinen Brief mehr von ihm bekommen, und ich warte auf nichts mehr. Wir haben täglich Besuch, und der armen Fräulein Kaiser wird es viel zuviel. Wäre sie in den letzten Wochen hier gewesen, hätte die Sache mit Percy nicht passieren können. Es war eine *göttliche* Fügung. Nun ist dieser Zwiespalt in mir wegen der fünf Jahre. Ich habe Todesangst, ob ich es durchhalten kann. Denke Dir doch, wenn ich nach drei Jahren sage, daß ich es *nicht* kann. Dann habe ich ihn doch ruiniert, während er jetzt sofort weiß, daß es nicht sein kann. Er ist so jung und wird mich doch vergessen. Manchmal denke ich, daß ich stärker bin als er. Ich lasse mich auch z. B. durch neue Eindrücke oder Abwechslung ablenken. Die Tage mit Anna Quentell und deren Geschichten haben mir schon gut getan.

Und Du, mein Engel? Du denkst nun schon an Aussteuer, und wie süß ist es von Dir, daß ich alles mit besorgen soll. Onkel H. ist einfach rührend mit mir. Er merkt natürlich, daß ich traurig bin, und war jetzt drei Tage ganz draußen, damit er mit mir reiten könnte, und nachmittags fuhren wir nach Blumenthal zu Wätjens und nach Sandeck zu Melchers. Aber nun ist in drei Tagen alles aus. Schreibe darum wieder bitte nach Bremen.

In großer Liebe
Deine Matti

PS.
Nun habe ich nicht mal ein Foto von ihm!! Von mir hat er sechs mitgenommen – von Feilner nachbestellt und hier aus Großmutters Album drei. Als ich ihn bat, sich fotografieren zu lassen, sagte er, das möchte er nicht. Er fände es albern, wenn ein Mann sich fotografieren ließe!

Bremen, August 94

Liebe liebste Bertha!
Georg und Elly sind nun täglich hier im Hause. Ich habe Georg nie nahegestanden und tue es auch jetzt nicht. Elly ist reizend zu mir. Sie sieht ja himmlisch aus, aber mit ihr und Georg ist irgend etwas nicht in Ordnung. Gestern schrieb ich rasch eine Postkarte in der Veranda. Die Tür zum Wohnzimmer war auf, und plötzlich hörte ich, wie Papa zu Georg sagte: «Ich will unter keinen Umständen, daß Marga irgend etwas davon hört, sie ist noch ein ganzes Kind. Wir hoffen fest, daß noch alles gut wird.» «Na», dachte ich, «das ist die große Liebe, die fünf Jahre ausgehalten hat.» Mama weinte viel in diesen Tagen, und sie tat mir schrecklich leid. Aber plötzlich war dann alles in Ordnung, wenigstens äußerlich. *Von Percy höre ich nichts.* Du schreibst, wenn ich innerlich eine solche Abwehr gegen die fünf Jahre hätte, dürfte ich nicht gegen mein eigenes Denken und Fühlen handeln. Immer verstehst Du mich, Du Liebe, Gute. Ich ersehne jetzt einen Brief von Dir.

In Liebe
Deine Matti

Bremen, August 94

Meine liebe Bertha!
Gestern kam solch intensiver Brief von Dir mit so vielen Erinnerungen, Fragen und so vieler Anregung, daß ich Dir gleich heute antworten will. Es tut mir sehr leid, daß Dein John Schwierigkei-

ten hat mit dem Hannov. Courier und mit seinem alten Vater. Aber ich denke wie Du, daß er so viel Energie und Überlegenheit besitzt und alles meistern wird!

Daß Du den wilden «Ebo» heimlich nach Tisch reitest, wenn Deine Eltern schlafen, hat mich gleichzeitig mit Angst und Bewunderung erfüllt. Ich brächte den Mut nicht auf, dieses wirklich wilde Biest zu besteigen. Daß der Inspektor wegsah, als Du hoch zu Roß aus dem Stall kamst, und Dir abends unter vier Augen eine kleine Standpauke hielt, finde ich furchtbar anständig von ihm. Ich kann Dich nur bitten, keine einsamen Wege zu reiten. Sollte Dir mal was passieren, wärest Du doch verloren. Du schreibst, Du wärest nie so glücklich wie auf einem Pferderücken, und in der freien Natur wäre es tausendmal schöner als im Bürgerpark. Das letztere dachte ich täglich in Lesmona. Aber daß ich am glücklichsten auf dem Rücken eines Pferdes bin, kann ich doch nicht sagen. Als wir letzten Winter auf Schlittschuhen ins Blockland liefen, da dachte ich, daß dieses Dahinsausen auf dem glatten Eis – an einsamen verschneiten Dörfern und am märchenhaften St. Jürgen vorbei, das Schönste wäre, was es gäbe. Und als Percy mich dann auf der Lesum ruderte, fand ich dieses wieder am schönsten. Da war ein Morgen Ende Mai, der so ganz besonders göttlich war. Wir ruderten nach Vegesack zu, alles war von Licht und Sonne erfüllt, ein leichter Wind war in der Luft, auf dem Wasser und in unseren Gesichtern. Es war eine so strahlende Ruhe, und es ist schade, daß ich Dir all die Schönheit des Dahingleitens auf dem Fluß nicht besser schildern kann. Als ich dann aber mit Percy tanzte, und er mich nachher küßte, und ich so ganz in Seligkeit ertrank, da dachte ich, alles andere wäre doch nichts gegen dieses. –

Du fragst nun, ob ich endlich die Mohnblume nach der Vorlage von Fräulein Philippi fertiggemalt hätte. Ja – das habe ich, und sie ist natürlich scheußlich geworden. Erstens habe ich kein Talent, und dann kann ich Mohnblumen nicht ausstehen. Sie sind so schlapp und müde und in der Vase nach einem Tag verblüht. Hast Du denn die Pfirsiche am Spalier schon gemalt, oder sind sie noch nicht soweit? Mit dem Malen ist es bei mir ähnlich wie mit der Musik. Ich kann eben nur das wirklich gut machen, was ich liebe. Im Herbst werde ich Dich und John mit einem Walzer von Chopin überraschen, und es werden Euch die Sinne dabei vergehen wie beim «Letzten Walzer eines Wahnsinnigen», den ich mit so viel Bravour über Euch wegrauschen ließ.

Kürzlich war ich mit den Eltern auf dem Riensberg, und ich wurde schrecklich bedrückt durch alle die Gräber. Das Mausoleum liegt so schön und friedlich am See, und Papa und Onkel Herbert sagen immer, daß ihre Eltern keine schönere Ruhestätte haben könnten. Dann denke ich jedesmal, daß sie ja nichts davon merken, denn sie liegen ja tief unten in der kalten schwarzen Gruft. Das graust mich so sehr. Die Großeltern hatten ein so glückliches Leben in ihrem schönen Haus und in Lesmona, und nun müssen sie mit anderen Toten da unten vermodern. Auf dem Rückweg zwischen den anderen Gräbern merkte Mama, daß ich sehr bedrückt war, und sie sagte, daß dieses, was hier von den Toten läge, doch nur ihre irdische Hülle wäre und daß ihre Seelen bei Gott weiterlebten. Sie sagte es viel besser, als ich es jetzt sagen kann. Dann nahm sie meinen Arm und sagte, ich wäre so sensitiv, und Du und ich hätten schon früher über so vieles nachgedacht, was anderen Mädchen gar nicht in den Sinn käme. Das hätte Pastor Portig auch gesagt. Weißt Du, ich glaube auch, daß unsere Seelen weiterleben, aber an eine Auferstehung im Fleische glaube ich nicht, obwohl es in der Bibel steht. Aber die Bibel ist ja auch nur von Menschen geschrieben. Wir fuhren nachher noch weiter und blieben zum Tee bei Fritzes in der Vahr, wo es ja immer besonders schön ist. Jetzt sitze ich am offenen Fenster, und Du weißt genau meinen Platz am Schreibtisch und denkst an die Akazie vor meinem Fenster, die aber nicht mehr blüht.

Nun kommt Deine Frage, ob ich viel an Percy denke und ob ich sehr dabei leide. Ich habe die roten Rosenblätter von dem Strauß nach dem Rennen aus Lesmona wieder hierher zurückgebracht, und sie liegen in dem kleinen Schubfach links vom Schreibtisch mit den paar Briefen, die er mir nach seiner Abreise schrieb. Wenn ich sie lese und die Rosenblätter küsse, tut es *sehr weh*, und ich kann es nicht ertragen, sie sehr oft anzusehen. Daß ich nichts von ihm höre, ist ja *nur gut*, weil alles so eher zur Ruhe kommt. Da es ja doch nicht sein kann, so ist dies der einzig mögliche Weg zum Vergessen, denn bei jeder Nachricht von ihm würden Liebe und Schmerzen wieder aufleben. Max Georgi ist noch in London, und das ist gut für Percy. Die fünf Jahre würden so schwer auf mir gelastet haben, daß vielleicht allein dieser Zwang das Beste und das Freiwillige getötet hätte. Wie kann man so lange Jahre mit *Angst* eine Liebe hüten?

Hier habe ich nun täglich Georg und Elly vor Augen, die allerdings jetzt sehr glücklich sind, aber ich weiß zu viel von den fünf Jahren, die sie warten mußten.

18. August

Gestern mußte ich aufhören, weil Wilhelm heraufkam und mich fragte, ob ich nicht doch mit den Eltern nach Oslebshausen zu Finkes fahren wollte, wozu ich mittags keine große Lust gehabt hatte, weil ich Dir schreiben wollte. Zwei Minuten, ehe Wilhelm kam, pfiff es unten auf der Contrescarpe, und Heini rief herauf, ob wir ihn nicht im Wagen mit hinausnehmen wollten. Da bin ich mitgefahren, und es war reizend. Das Landhaus ist so behaglich, der Blick über den kleinen Fluß und das flache Land so friedlich und Heini wie immer witzig und freundschaftlich. Walter Dyes war auch mit draußen, und mit ihm *kann* es ja nur nett und lustig sein.

Bertha, nun muß ich Dir noch etwas erzählen, was ich bis zuletzt aufgeschoben habe, weil es mir lästig ist und peinlich. Ich will es Dir genau erzählen. Letzte Woche war eine Sommergesellschaft bei Avy in der Vahr. Im letzten Winter hatte dieser Friedrich Bach auf dem Costumefest bei Fräulein Aline v. K. mir sehr den Hof gemacht, was mir gänzlich gleichgültig war, denn ich amüsierte mich da gerade sehr gut mit Leutnant v. T. Also der Friedrich Bach war bei Avy, und wir gingen alle im Garten spazieren und dann herüber auf die Allee von Fritzes. Viele andere gingen mit uns. Man kann da ja fast bis Oberneuland weitergehen. Diese Allee ist traumhaft, und die Sonne leuchtete durch das Laub der Bäume, und es sah ganz goldgrün aus. Ich fühlte wieder diese Lust zu leben, die mir doch in der letzten Zeit in Gedanken an Percy entschwunden war. Der Bach erzählte aus Dresden, wo ich doch schon als Kind so oft bei den Großeltern gewesen war. Das einzige aber, was mich wirklich interessierte, war seine Mitteilung, daß Dr. Retberg sehr gut mit seinem Bruder und mit seiner ganzen Familie befreundet und, während er dort diente, viele Sonntage bei ihnen gewesen sei. Von Flirt war *gar keine Rede.* Ich pappelte dauernd mit den anderen Freunden und Mädchen vor mir und hinter mir. Einige Tage später läßt er durch Wilhelm A. (Osterdeich), Vetter von Elly, meinen Bruder Georg fragen, ob er wohl Hoffnung bei mir hätte. Georg erzählte es sofort bei Tisch, und er grobste mich sehr an und sagte, ich wäre kokett und hätte ihm den Kopf verdreht etc. Papa merkte, daß ich gewiß und wahrhaftig ein reines Gewissen hatte, – außerdem ärgerte ihn die Art, mit der Georg mich behandelte. Mama sagte: «Der Bach – die Bäche –, Miecke, wir wollen ein Album anlegen mit all deinen Verehrern.» Als ich es nachher Linsche erzählte, sagte sie: «Der dumme Mensch, der müßte doch merken, daß Du ihn nicht liebst. Heißt er eigentlich Bach oder Teich oder Tümpel, ich kann den Namen nicht behalten. Nee, nee, der weiß nicht, wie du bist, wenn du liebst! Ich kann dir immer noch die Küsse ansehn, die der Engländer dir verpaßt hat – du bist seitdem doch verändert.» Plötzlich kam sie und sagte: «Meine süße Deern, oft habe ich so große Angst um dich, wenn das man gut ausgeht.» Mama lag einen Tag im Bett mit Schmerzen an der Narbe von ihrer Nierenoperation, und ich saß abends bei ihr. Wir sprachen von Kreuth und von allem Schönen dort, und wir hatten große Sehnsucht nach den Bergen. Darauf sagte sie: «Miecke, mit dir ist irgendwas los, ich weiß nicht, was es ist – sage es mir doch.» Ich antwortete: «Herr Bach hat es mir sicher angetan mit seiner Stupsnase.» Darüber mußten wir beide furchtbar lachen. Nachher sagte sie aber so ganz gedankenvoll und sinnend: «Ja – alle die Bäche, die schon durch dein junges Leben gerauscht sind und die du weiterschicktest, weil sie nicht dein Schicksal waren. Ich habe nur den einen heißen Wunsch, daß dein Leben in einem schönen, stillen See münden möchte – aber Gottseidank hast du ja noch lange Zeit damit.» Da kniete ich wieder wie früher vor ihrem Bett, legte den Arm unter ihr Kopfkissen, und plötzlich mußten wir beide weinen. Sie sagte dann: «Bleibe nur ganz so, wie du bist.» O Bertha, als sie mich dann küßte, dachte ich mit schlechtem Gewissen an Percys Küsse! –

Die Eltern waren zweimal in Lesmona, aber ich finde immer eine Ausrede, ich *kann* das alles noch nicht wiedersehen.

In inniger Liebe
Deine Matti

Bremen, den 25. Juli 94

Liebste einzige Bertha!
Ganz außer mir muß ich Dir folgendes erzählen: Heute gehe ich über die Contrescarpe, da treffe ich vor Wagenföhr – Dr. Retberg. Er blieb gleich stehen, und ich fragte, weshalb er denn nicht nach Florenz gekommen wäre. Da sagte er: «Das habe ich doch alles an Rena geschrieben, und sie sollte es Ihnen sofort weiterschreiben, ich hatte doch Influenza in Leysin und wagte es nicht, Ihnen zu schreiben, weil Ihr Vater dann geglaubt hätte, daß ich wieder lungenkrank wäre.» Ich antwortete: «Rena hat mir kein Wort geschrieben, und nachher hat sie nur gesagt, Sie wären erkältet.» Er war darüber ganz erregt und sagte, das wäre von Rena sehr unrecht. Wir standen da ca. zehn Minuten, er zeigte mir meine Fotos, die ich ihm im Winter nach der Aufführung geschenkt hatte. Er trug sie im Portefeuille. Wieder fühlte ich diese enorme Anziehungskraft, die von ihm ausging. *Es ist fast wie ein Zwang.* Er ist zehn Jahre älter als ich und dirigiert mich irgendwie. Jetzt tritt er in Dresden seine neue Anstellung an, und dann fragte er: «Wann ist denn die Nachtmusik für Elly und Ihren Bruder in Horn, dafür will ich nämlich nach Bremen kommen, und da will ich Sie wiedersehen.» Ich sagte: «Ende September», und dann trennten wir uns. Er ging zur Stadt, und ich dachte: «Ob er jetzt wohl die Französin besucht?» Jetzt tobt alles in mir durcheinander.

Liebste Bertha, kann ich nicht vor der Nachtmusik zu Euch nach Darneelen kommen? Sonst passiert ganz sicher was, ich fühle es, *es ist ein Zwang.* Schreibe mir sofort, ob es Euch paßt.

In Liebe und großer Angst
Deine Matti

Liebe einzige Bertha!

Inzwischen war ich nun drei Tage in Oberneuland bei Quentells. Susi und Anna holten mich von der Bahn und sahen in Hellblau und Rosa ganz bezaubernd aus. Schönere Schwestern kann es auf der Welt nicht geben. Susi hat sich nun mit Hauptmann von P. verlobt, und sie sagte es mir, als ich aus dem Coupé stieg, so daß ich ihr sofort um den Hals fiel. Sie ist wirklich so rasend komisch, daß man dauernd lachen muß. So sagte sie bei der Mitteilung ihrer Verlobung: «Ein Licht ist er nicht, aber wenn er nicht *zu* dumm ist, können wir ganz glücklich werden – jedenfalls ist Annas Gottfried intelligenter.» Ich fragte also Anna, ob sie denn nun auch verlobt sei, und da antwortete sie: «Nein, noch nicht, aber heute abend wird es wohl kommen. Zu diesem Zweck mußt du Mama unterhalten, wenn wir ihn und die anderen abends zur Bahn bringen.» So kam es auch. Ich ging mit Frau Quentell voran, und hinten verlobte sich Anna mit Gottfried Krefting. Frau Quentell mag ich aber nicht, sie ist eine alte Katze, und alle Kinder leiden unter ihr.

Ich schlief mit Anna und Susi zusammen – in Jennys Bett, die in Pension ist. Wir haben jede Nacht bis 1 und 2 gelacht. Du kannst Dir ja Susi nicht vorstellen, wenn sie in Schwung ist. Die Geschichten von der armen Minna sind einfach zum Brüllen. Ich will Dir nur *eine* erzählen: Minna weiß doch nicht recht, was hinten und vorne ist, und außerdem muß sie alle halbe Stunde klötern. Wenn das die anderen Kinder merken, sagen sie: «Minna, geh ins Haus.» Aber in Lesum waren sie hinten im Garten, und Minna rief: «Minna kann's nicht mehr halten.» Da kommandierte Susi: «Geh sofort ins Gebüsch.» Da aber Minna ja nicht weiß, was vorne und hinten ist, steckte sie den Kopf ins Gebüsch und den bloßen Schinken nach draußen. Als die kleinen Brüder das sahen, haben sie gleich mit der Schleuder danach gezielt, und ein Stein hat getroffen, so daß sie laut brüllte. Ich könnte Dir 20 solche Geschichten erzählen! – Anna ist selig über ihre Verlobung, aber die Alte soll es noch nicht wissen. Nun seid Ihr glücklich alle verlobt: Du, Susi, Anna und Elschen, nur ich muß um Percy so viel leiden. Aber denke Dir, diese drei Tage in Oberneuland haben mir schon etwas weitergeholfen.

Zum Tennis kamen A. Schulze-Smidt, Konstantin Fritze, Gottfried Krefting und Noltenius. Es war sehr lustig. Zwischendurch dachte ich wieder schmerzhaft an Percy, und ob er jetzt wohl imstande ist, so zu lachen, wie ich es hier tue? Von Percy habe ich Anna und Susi *kein Wort* erzählt, das ist fest verschlossen in meinem Herzen.

In inniger Liebe
Deine Matti

Liebe einzige Bertha!
Tausend innigen Dank für Deinen lieben guten Brief mit Deiner Einladung nach Darneelen. Daß Dein Vater selbst noch an Papa schrieb, fand ich einfach rührend. Aber nun denke Dir, daß Papa sagt, ich könnte jetzt nicht weg von hier, wo Georg und Elly verlobt sind, und dann sollte ich am Tag nach der Nachtmusik mit ihm und Mama 14 Tage nach Norderney. Trotz heißer Bitten haben beide Eltern es nicht erlaubt. Du siehst es ja, wir werden vom Schicksal geschoben. Ich bin in einer solchen Aufregung, wie Du es Dir gar nicht denken kannst. Man kann doch nicht zwei Männer lieben. Aber jetzt, seit ich Dr. Retberg wiedergesehen habe, hat die Macht, die er über mich hat, wieder eingesetzt. Ach, wärest Du doch bei mir!!

In Liebe
Deine Matti

Hier fehlen Briefe

Bremen, September 94
Liebe liebste Bertha!
Nun wollt Ihr noch nach Hannover – dann sehen wir uns erst *nach* Norderney wieder!

Meinen Zustand kann ich Dir schwer beschreiben. In der Hauptsache ist es *Angst*, die mich beherrscht. Von Percy höre ich *nichts*, und Dr. Retberg ist im Anzug – – – Bei F.s in der Vahr wird oft von ihm gesprochen, – er ist ja Ellis rechter Vetter! Sie sagen alle, daß er sehr bedeutend sei. Georg und Elly sind natürlich viel hier bei uns, und ich bin auch oft in der Vahr, wo es immer zauberhaft ist: viel Jugend, Ally und Avy und der schöne Garten voller Leben! In meiner Seele herrscht Unordnung – es ist qualvoll.

In Liebe
Deine Matti

Liebe liebste Bertha!

Ja – es ist nun geschehen. Ich fuhr mit Papa um 8 Uhr abends nach Horn hinaus. Mama wollte wegen der frühen Abreise am nächsten Morgen nicht mit. Draußen war schon alles im Lichterglanz. Als ich in den Gartensaal kam, sprach Dr. Retberg mit Tita Schl. aus Hamburg. Er kam dann gleich zu mir, und wir tanzten. Er tanzt wirklich sehr schlecht, und wir setzten uns auf die Veranda. Bis dahin hatte ich Kraft und Widerstand. Auf der Veranda sprach er leise auf mich ein, und ich fühlte wieder dieselbe starke Anziehungskraft, diese Macht, die von ihm ausgeht. Dann sagte er: «Jetzt wollen wir in den Park gehen, ich habe hier früher als kleiner Junge sehr oft meine Sommerferien verbracht.» Im dunklen Park waren Lampions, es war ein zauberhaftes Bild. Die Musik tönte herüber. Da sagte er, ob ich mich entschließen könnte, seine Frau zu werden, und er fügte leise hinzu: «Denn ich liebe Sie sehr.» Nun kam die furchtbare Macht, die mich sagen ließ: «Ja.» Er küßte mich andächtig auf die Stirn und dann ebenso auf den Mund. Wir sprachen wenig und gingen bald ins Haus zurück. In mir war ein Chaos von Gefühlen. Papa hatte gemerkt, daß ich mit ihm im Park verschwunden war, und sagte: «Halte dich bereit, wir gehen gleich weg.» Darüber war ich sehr glücklich. Dr. Retberg flüsterte mir beim Abschied zu: «Ich schreibe morgen an deinen Vater nach Norderney, Bremer Häuser 8, und dir schreibe ich postlagernd unter ‹MMI›.» Ja, das war alles. Im Wagen sagte Papa: «Du warst ja mit Dr. Retberg im Park verschwunden.» Ich: «Wir haben uns verlobt.» Papa: «Daraus kann nichts werden, er ist ja lungenkrank.» Ich: «Jetzt nicht mehr – er *war* es, er wird diesen Winter in Dresden bleiben.» Papa sagte ganz erschüttert: «Da hat man nun eine einzige Tochter und kann sie nicht vor einem solchen Schicksal bewahren, es ist furchtbar. Jedenfalls wartet Ihr erst, bis er einen oder zwei Winter im Norden ausgehalten hat, und du schreibst ihm inzwischen *nicht*.»

Zu Haus ging ich an Mamas Bett und sagte: «Mummi, ich hab mich heute mit Dr. Retberg verlobt.» Sie sagte: »Mein *liebes* Mieckchen, mit dieser schrecklichen Nachricht hättest du mich heute abend wohl noch verschonen können.» Dann merkte ich, daß sie weinte. Ich kniete an ihrem Bett und küßte sie.

Am anderen Morgen nach 7 fuhren wir ab. Ich hatte Linsche noch alles erzählt, und sie sagte: «Über dich muß man sich die Augen aus dem Kopf weinen. Dann warte doch lieber fünf Jahre auf den Engländer!» Wie ich an Percy dachte, warf ich mich aufs Bett und schluchzte. In dieser Nacht träumte ich einen sonderbaren Traum. Ich stand an einem Wegweiser im Walde und sah zwei Wege vor mir, der eine Weg war eine Chaussee mit Bäumen, ganz endlos lang, geradeaus, ich konnte sie gar nicht zu Ende sehen. Dahin zeigte der Wegweiser, auf dem «Percy» stand. Der andere Weg war ganz dunkel, und ich fühlte, daß ich Angst davor hatte und vor einem Abgrund, der am Ende war. Auf diesem Wegweiser stand «Dresden». Ja, wo sollte ich nun hin? Da kamst Du und Papa und Linsche und noch viele mehr, und Ihr wolltet mich alle abhalten, in den dunklen Weg hineinzugehen, und plötzlich kam Mama und rief: «Miecke, hier ist doch noch ein dritter Weg, sieh mal, der geht nach ‹Kreuth›.» Da riß ich mich los und lief in den Weg mit dem Abgrund.

Hier in Norderney fühlte ich mich nun ganz erlöst, fern von allen Gefahren. Ich schicke Anna zur Post oder hole mir selbst Rudis Briefe dort ab. Er hat bei Papa angehalten, und Papa hat geantwortet, er sollte erst ein oder zwei Winter in Dresden abwarten, ob er gesund bliebe, dann könne er wieder anfragen. Rudis Briefe waren zuerst sehr, sehr schön, und ich fühlte so stark den Zauber seiner Sprache. Jetzt werden die Briefe schon ziemlich langweilig. Du ahnst aber nicht, was das Meer jetzt für mich bedeutet! Hier lassen sie mich ruhig allein den Strand entlanggehen, aber sie ahnen nicht, wie weit ich gehe. Es ist der Weg in den Himmel – weit weg von der Erde. Und daneben das Rauschen des Meeres. Der Strand ist schon sehr leer jetzt Ende September, und man ist allein mit Gott. Ich fühle so stark das *Schicksal*, das mich treibt. Ich weiß, daß das Erlebnis mit Percy das einzigste und höchste Glück bleiben wird.

Nun zähle ich die Tage, bis ich Deine Antwort habe. Was wird Dein John sagen? Ob Ihr mich unaussprechlich schwach und dumm findet?

In großer Liebe und Sehnsucht
Deine Matti

Norderney, 30. September 94

Liebe einzige Bertha!

Gestern morgen bin ich zwei Stunden weit am Strand gelaufen bis zum Leuchtturm. Es war spät geworden, und Gottseidank fuhr ein Einspänner mit zwei Damen zurück, die mich mitnahmen. So war ich pünktlich zu Tisch da. Dieses Laufen auf dem harten Strand neben dem großen, tiefen Meer macht mich so unbeschreiblich glücklich. Zweimal hat Papa mich mit dem alten Visser zum Segeln mitgenommen. Es war ganz herrlich. Ich ließ Dir von Nicola Högell einen Knüppelkuchen schicken, den Du ja so gern magst, und dann kaufte ich Dir zwölf Muscheln für Fischragout, die ich aber lieber in meinem Hutkoffer selbst mitbringe.

In inniger Liebe
Deine Matti

Norderney, den 5. Oktober 94

Liebe einzige Bertha!
Gottseidank ist unser Wiedersehen nun nicht mehr fern. Nun ist Carly aus Dresden angekommen, er wollte Georg und Elly in Bremen sehen, und anscheinend will er mir hier auf Wunsch der Eltern meine Verlobung ausreden. Er sagte sogar: «Dann wäre Hans W. ja noch besser gewesen, der ist wenigstens kerngesund und ein wohlhabender Kaufmann. Dr. Retberg verdient ja nicht mehr als ein Oberleutnant und ist dazu noch lungenkrank.» Darauf wurde ich wild sagte: «Du und Papa, ihr habt mir Hans W. ja ausgetrieben – ihr hättet mir nur Zeit lassen müssen, ihn näher kennenzulernen.» Aber, da Carly mich liebhat, spricht er jetzt nicht mehr davon.

Wir fahren nun in acht Tagen nach Haus, und dann sehe ich Dich endlich wieder.

In großer Wiedersehensfreude küßt Dich
Deine Matti

Bremen, den 4. November 94
Abends 9 Uhr

Meine liebe Einzige!!
Obwohl dieser Brief nur zwei Tage vor Deiner Rückkehr aus Hannover ankommt, will ich doch meinem Versprechen gemäß alles berichten. Also gestern am 3. 11. war die Hochzeit von Elly und Georg. Am 2ten war das Kranzbinden bei Anna Plate, wo Ally und ich als Chinesinnen aufführten und tanzten. Die Hochzeitspredigt im Dom war ganz schrecklich. Der Pastor hat die beiden richtig ausgescholten. Ally, Anna Plate und ich waren Brautjungfern. Elly sah einfach himmlisch aus. Nachher beim großen Hochzeitsessen ging ich mit Rudi zu Tisch, und es war sehr schön. Er erzählte so viel von Dresden, und denke Dir, er ist mit meinem Vetter Alexander Struve und mit Dr. Paul Stübel, der ja auch mit mir verwandt ist, schon aus Leipzig her sehr befreundet. Ich werde also zwei gute Freunde dort vorfinden. Es war schön, so als heimliches Brautpaar dort zu sein. Er war auch lieb zu mir, nur darf ich nie an Percy denken, solche starken Gefühle bringt er nicht auf. Oder soll ich sagen, er bringt sie nicht *für mich* auf? Vielleicht kommt

das ja später noch, das ist meine Hoffnung. Nach Tisch tanzte er
mit mir, aber er kann nicht tanzen – und der Gedanke, daß er mir
beim Tanzen «nette, liebe Sachen» sagen könnte, wäre geradezu
komisch!! Dann kam Papa und sagte: «Ich will dich jetzt zum alten Bürgermeister Retberg bringen, den du ja noch nicht kennst –
es ist nur eine Form, hat mit Dr. Retberg nichts zu tun.» Er nahm
mich zu ihm und sagte: «Ich möchte Ihnen meine Tochter bringen,
die Sie ja noch nicht kennen.» Der Bürgermeister sagte einige kühle
Worte. Der alte Mann sah aus wie ein Eispalast, vornehm, kalt
und prächtig. Dann sagte er noch irgend etwas von Georg und
Elly, die ihre Hochzeitsreise nach Paris und London machen und
dann über Ägypten nach China fahren. Ich hakte Papa ein und
kniff ihn in den Arm zum Zeichen, daß er mich wegbringen sollte.
Das geschah auch bald. Papa sagte zu mir: «Der alte Herr ärgert
sich natürlich, daß du hier heute noch nicht als seine Schwieger-
tochter auftrittst», und ich antwortete: «In dessen Nähe werde ich
wohl Frostbeulen kriegen.» «Ja», meinte Papa, «das hast du ja
selbst alles so gewollt.» Dann stellte er mich Herrn und Frau Schl.
und anderen Gästen aus Hamburg vor.

Und nun heute mein Geburtstag!! Und da muß ich Dir zuerst um
den Hals fallen und Dir und John so innig danken. Also früh um
8 kam Linsche und sagte: «Hier sind schon zwei Gratulanten.»
Herein stürzten Prinz und Pieter mit den Kränzen von Dir um die
Hälse. Sie sahen so wahnsinnig komisch aus, und Prinz biß immer
in seinen Kranz, und dann zerrten und tobten sie herum, daß die
Blumen flogen und sie mir leid taten. Dann kamen sie beide frisch
gewaschen und schneeweiß auf mein Bett. Ich küßte beide auf die
Stirn, die wonnigen Viecher!

Unten auf meinem Tisch fand ich Eure zauberhafte Schreibtisch-
uhr und den ledernen Papierkorb von Deiner Hand – neben mir
in der Malstunde mit so viel Mühe gemalt. Ich war so schrecklich
gerührt darüber, Du lieber Engel! Dann kamen Onkel Herbert
und Max Georgi, um 11 erschienen Anna, Susi, Else, Ally, Avy
etc. Nach 1/2 2 die Schar der Vettern. Ich hatte nachmittags niemand
eingeladen, weil ich Rudi heimlich um 1/2 6 bei Rena treffen sollte.
Ich hatte es Mama vorher gesagt, und sie sagte: «Ich will nichts davon wissen, sorge nur, daß du *vor* Papa wieder zu Haus bist, sonst
wird es schlimm.» Also war ich 1/2 6 bei Rena, und sie führte mich
ins Wohnzimmer, wo Rudi wartete. Er begrüßte mich sehr lieb,
und es grenzte *beinahe* an Verliebtheit, als er sagte: «Behalte doch
diesen Abendmantel mit dem grauen Pelzkragen noch an.» Dann
schenkte er mir einen Ring mit einem ganz schwarzblauen Saphir,
den ich gar nicht leiden mag. Er sieht aus wie ein Tintenklex. Rena
mochte ihn auch nicht. Sie sagte gleich von sich aus, später sollte

er mir noch mal einen Diamanten daneben setzen lassen. Dann schenkte er mir ein hundert Zentner schweres Album mit lauter Fotos aus Leysin und Glion von Menschen, die ich noch nie gesehen habe und die er dort fotografiert hat. Heute fühlte ich sehr stark, daß ich ihn lieben könnte, wenn er mich stärker lieben würde. Mein Gefühl zu ihm ist irgendwie in mir verwurzelt, aber es kann nicht richtig aufblühen, weil er es nicht dazu kommen läßt.

Nachher brachte er mich nach Haus und trug schwer an dem Hundert-Zentner-Album. Vor Eurem Haus bekam ich einen Kuß, und dann trug ich das schwere Dings bis zu uns und bat Wilhelm, es sofort nach oben zu tragen. Ich ging gleich nach dem Abendessen herauf zu Linsche. Sie hatte sich das Album schon angesehen und sagte: «Es ist zu komisch, der eine schenkt dir Disteln und der andere einen Möbelwagen voll alter Fotografien – nur der Engländer, der hat es verstanden!»

Nun nochmals so innigen Dank und auf baldiges Wiedersehen!
In treuer Liebe
Deine Matti

An Bertha nach Hannover
Adr. Geheimrat Deneken.

Bremen, den 16. Januar 95

Meine liebste Bertha!
Nun bleibst Du also im ganzen 10–12 Tage bei Deinem Schwiegervater! Wie froh bin ich, daß Eure Etage so hübsch wird. Die Tapetenproben finde ich entzückend, besonders die mattgrüne.

Rudi ist nun seit 14 Tagen fort, und ich friere immer noch nach dem so wenig glücklichen Beisammensein. Oft sitze ich hier oben so verlassen und grause mich vor der Zukunft und frage mich, warum er mich nicht richtig lieben kann. Als ich ihm neulich etwas Ähnliches darüber sagte, war er erstaunt und kühl, immer ist dieser dunkle Vorhang zwischen uns. Ich bin doch so liebebedürftig und könnte sicher einen Mann glücklich machen! Aber dieser läßt mich darben. Und Du bleibst noch 10–12 Tage weg!!
In Liebe und Sehnsucht
Deine Matti

Liebe einzige Bertha!

Gestern abend schrieb ich Dir, und heute morgen kam Onkel Herbert herüber, um zu sagen, daß er einen Brief von Percy hätte, der demnächst hier geschäftlich zu tun hat und bei ihm wohnen wollte. Percy fragte nun an, ob wir hier wären, da er uns auch gern sehen wollte. (Die Eltern natürlich ahnungslos!) Onkel Herbert schlug nun vor, daß er Percy zu unserem Diner am 24. mitbringen wollte. Er würde Percy telegrafieren, daß er seinen Frack mitbringen sollte. Ja – den Eltern war alles recht. Dies ist das Diner, von dem ich Dir neulich erzählte. Die drei Offiziersehepaare (der Oberst), Gildemeisters etc. Ich sollte mitessen, wollte es aber nicht. Dann erlaubte mir Mama, daß ich drei Mädchen und drei Freunde einlüde, damit es für mich nicht so langweilig wäre. Bei der Nachricht von Onkel H. wurde mir beinahe schlecht. Ich nahm mich ganz wahnsinnig zusammen, damit niemand etwas merkte. Also heute in einer Woche ist er hier, und seit ich dies weiß, bin ich krank. Und Du bist dann noch weg!!!

In großer Aufregung und Liebe
Deine Matti

Bremen, den 25. Januar 95
Nachm. 6 Uhr

Meine liebe Einzige!

Deine arme Matti sitzt hier halb tot! Gestern war das Diner im Saal, im ganzen 20 Personen. Ich will Dir zuerst das Äußere berichten, damit Du den Rahmen siehst.

Mama hatte die drei bunten Meißner Aufsätze mit rosa und dunkler schattierten Alpenveilchen gefüllt, es sah unglaublich schön aus. Für mich waren da: Ally, Béatrice und die nette Nichte von Oberstleutnant v. W., für Ally: Leutn. v. K., für mich: Karl Br. und für Béatrice: Percy. Den ganzen Tag lief ich kreideweiß herum und dachte immer nur, daß ich am liebsten tot wäre. Linsche beruhigte mich und sagte, daß er doch nur geschäftlich hier wäre. «Aber», fügte sie hinzu, «so mußte es ja kommen, erst himmelhoch jauchzend, dann zu Tode betrübt. Jetzt mußt du die Suppe essen, die du dir eingebrockt hast.» Von Rudi lagen schon drei uneröffnete Briefe in meinem Schreibtisch, ich hatte solche Angst vor seiner Kälte!! – Dann kam der Moment, wo Percy hinter Onkel H. in den Salon trat, im selben Frack, in dem er mit mir letzten Sommer bei Hillmann getanzt hatte! Er ging sofort zu den Eltern, und dann stellte Onkel Herbert ihn allen vor. Ich hatte das Gefühl, daß Onkel Herbert es *gern* tat, er war stolz auf diesen bezaubernden

Neffen. Erst dann kam Percy zu mir und gab mir kurz die Hand, dann Begrüßung mit Béatrice und den anderen jungen Leuten. Er sah viel magerer aus und hatte einen ganz anderen Ausdruck. Bei Tisch saß er mir wieder schräg vis-à-vis, zwischen Béatrice und Ally. Ich fühlte seine Augen auf mir wie früher, aber es fehlte – – – das Glück. Als der Sekt kam, war ich innerlich gezwungen, zu ihm hinüberzusehen, vielleicht hatte *er* mich gezwungen – – –. Er sah mich mit einem dunklen Blick fest an, aber er trank mir nicht zu. Als nach Tisch alle mit dem Mokka im Salon herumstanden, schickte Mama mich hinunter ins Wohnzimmer, um aus ihrer Schreibmappe ein neues zauberhaftes Foto von Elly heraufzuholen, das sie zeigen wollte. Als ich wieder heraufkam, stand Percy auf dem Vorplatz vor der Treppe. Er sagte rasch: «Ich bin nur deinetwegen gekommen, die Reise hat mit Geschäften nichts zu tun. *Wann* und *wo* kann ich dich eine Stunde in Ruhe sprechen?» Ich sagte ebenso rasch: «Morgen nachmittag 3¼ oben in meinem Zimmer.» – Dann schob ich ihn durch die Tür des Blumenzimmers wieder hinein, und ich ging in den Salon zurück. Den ganzen Abend hielt er sich fern von mir, aber ich fühlte immer seine Augen, nur zum Schluß habe ich einen einzigen Satz zu ihm gesagt: «Percy, du siehst mager und müde aus», und er antwortete: «Ich habe diese Monate enorm stark gearbeitet.» Als alle weg waren, sagte Papa: «Dieser Percy sieht ja fabelhaft aus, ebenso wie sein Bruder Ferdi.» – Am anderen Morgen ½ 10 erschien wieder Béatrice mit ihrer Liebesqual um Percy, und ich zog mich rasch an für die Malstunde. Sie brachte mich dann bis zu Fräulein Philippi. Die Stunden krochen, und endlich war das Essen vorbei. Die Eltern hatten sich hingelegt, und ich sagte zu Wilhelm: «Vielleicht kommt Herr Roesner nachher noch mal herüber, wollen Sie ihn bitte zu mir nach oben bringen.» Dann zog ich mich rasch für ihn um.

Um Punkt 3¼ kam er herein, stand in der Tür und sagte: «Now tell me all about it.» Ich gab ihm den Sessel an der Tür, und ich nahm den anderen am Bücherschrank – der Sofatisch war zwischen uns. Nun erzählte ich ihm zuerst, wie ich Rudi auf der Contrescarpe getroffen hatte und gar nicht ahnte, daß er hier in Bremen war. Percy: «Wenn er noch an dich dachte, warum gab er dir keine Nachricht, daß er hier war, denn er hätte doch den Wunsch haben müssen, dich zu sehen.» Ich: «Das gehört eben zu den dunklen Dingen, die ich bei ihm nicht durchschaue, davon habe ich dir ja schon in Lesmona erzählt.» Percy: «Ich habe schon damals geahnt, daß er dir gefährlich werden würde, aber sage es nun erst alles weiter.» Ich erzählte, daß er damals in Leysin krank war und daß er an Rena schrieb, sie sollte mir alles schreiben, was sie nicht getan hätte. «Wann hast du von meiner Verlobung gehört?» fragte ich. Percy: «Onkel Christian hat mir vor drei Wochen davon erzählt, dem es dein Vater geschrieben hatte; nachher kam Max nach London und sagte, du wärest verlobt, aber du wärest nicht glücklich, und deshalb bin ich hierhergekommen. Weshalb bist du nicht glücklich?» Ich: «Er liebt mich nicht.» Percy: «Liebst du ihn denn?» Ich: «Ich könnte ihn lieben, wenn er anders zu mir wäre.» Percy: «Liebst du ihn so, wie du mich geliebt hast?» Ich: «Nein, das war *ein* Mal und kann nie wiederkommen.» – – – «Ist es jetzt ganz bei dir vorbei?» fragt Percy. Ich: «Nein, aber quäle mich nicht mit so schrecklichen Fragen.» Er: «Ich habe seitdem kein anderes Mädchen angesehen, ich habe *nur an dich gedacht*. Es ist ja auch einerlei, wenn ich kaputtgehe: Joachim geht an einer Frau kaputt, Ferdi an L. Lürmans Tod, Arthur an seiner Musik und ich an dir! Vier Brüder! – Aber daß du in dein Unglück hineinrennst, das ist doch ein Wahnsinn. Warum löst du denn die Sache nicht?» Ich, gequält: «Das ist es ja gerade, da ist dieser Zwang, eine heimliche Macht, die es verhindert. Wäre ich an dem Abend nicht auf der Nachtmusik gewesen, wäre es nie passiert. Ich liebte ihn doch gar nicht, es war immer nur diese Macht, die von ihm ausging, und ich mußte damals ‹Ja› sagen.» Ich merkte, wie erschüttert er war, und sagte: «Percy, es nützt ja nichts, wenn ich dich um Verzeihung bitte, denn das sind ja leere Worte, aber ich möchte, daß du mich verstehst – Bertha könnte es dir besser erklären, als ich es kann. Es war eine dunkle Macht, und ich weiß, daß ich todunglücklich werde. Seine Briefe lese ich oft tagelang nicht. Ich schreie nach Liebe und bekomme nur eine kühle Zuneigung. So ist es. Aber ich muß das nun zu Ende tragen, denn ich kann nicht mehr zurück. Ich wüßte nicht, was Papa mit mir anfangen würde. Percy, glaube es mir, ich würde es gern tragen, wenn ich wüßte, daß *du* dafür Glück haben könntest.» Da fing ich an zu schluchzen. Er stand auf und sah aus dem Fenster, und er sagte: «Dies ist der Blick auf die Mühle und auf den Stadtgraben und auf die Türme, und dies ist dein Zimmer, was ich noch nicht kenne, aber nun kenne ich es und kann dich hier mit meinen Gedanken suchen. Aber ich kann es nicht mit ansehen, daß du in dein Unglück rennst.» Er fragte, ob *Du* hier wärst – er wollte Dich besuchen. Als ich sagte, Du wärest in Hannover, war er ganz geknickt und sagte: «Das ist schlimm für mich, ich hätte Bertha *so gern* gesprochen.» Und nun wollte er Linsche Guten Tag sagen und mein Schlafzimmer sehen. Ich ging mit ihm durch mein Schlafzimmer zu Linsche. Sie saß am Tisch und nähte. Er gab ihr die Hand und sagte: «Es ist ein Glück, daß Sie bei Daisy sind, können Sie ihr denn nicht helfen, daß sie aus ihrem Unglück herauskommt?» Linsche: «Herr Roesner, das ist doch alles Schicksal oder Gottes Wille – sie ist doch richtig *blind* da hineingerannt.» Ich ging ins Wohnzimmer zurück und setzte mich ans Fenster, während er noch mit ihr redete. Dann kam er zu mir und sagte wieder mit der alten, von Zärtlichkeit verschleierten Stimme: «Komm, Daisy, weine nicht so, ich kann es nicht mit ansehen» – und wie früher zog er mich an meinen beiden Händen hinauf zu sich. Er legte meinen Kopf an seine Brust und streichelte ihn und sagte immer «Arme Daisy». Wieder fühlte ich dieses grenzenlose Vertrauen zu ihm, dieses Geborgensein, das Gegenteil von allem, was ich bei Rudi fühle, und dann kam der Gedanke an die fünf Jahre Wartezeit und an den furchtbaren Krach hier, wenn ich Rudi laufen ließe, und ich dachte, *ich könnte es nicht*. Dann hat er mich wie früher geküßt, und seine Tränen sind in meine gelaufen.

Als die Ansgari-Kirchen-Uhr 4 schlug, sagte ich: «Nun hast du noch eine Viertelstunde – um $^1/_2$ 5 stehen die Eltern auf, und ich muß vorher weg sein, damit sie meine roten Augen nicht sehen.» Ja – er war bis $^1/_4$ nach 4 bei mir und ist dann rasch weggegangen. Ich warf mich aufs Sofa und weinte, wie ich noch nie geweint habe. Linsche kam sofort herein, klopfte mich leise auf den Kopf und sagte: «Meine gute, liebe Deern, weine dich erst mal aus, vielleicht tut dir das gut.» Sie fragte: «Wann reist er denn wieder ab?», und ich sagte: «Morgen früh.» «Na, Gottseidank», meinte sie, «aber du mußt dir jetzt die Augen waschen und lieber weggehen, damit die Eltern dich nicht mehr sehen.»

Bertha, denke Dir, er war heute morgen nach St. Magnus herausgefahren und ist dann allein in Lesmona herumgelaufen. An Onkel Herbert hat er gesagt, er hätte geschäftlich zu tun gehabt, und Onkel H. hat es geglaubt. – – – Dann wusch ich mir die Augen aus und sagte Linsche Bescheid, daß ich jetzt Deine Besorgungen machen wollte, was ich ja sowieso hätte tun müssen. So lief ich weg mit meinem zerbrochenen Herzen. Es war ein Glück, daß ich etwas für Dich tun konnte!

Zuerst zu Wenglein – der hat Deine Rechnung nun in Ordnung gebracht. Dann zu Röben: Fräulein Korte sagte, das Abendkleid wäre vorgestern per Eilboten an Dich abgegangen. Dann Bremer: Ich gab die Probe ab, und sie wollten es sofort bestellen. Bei Rabe das Service umbestellt und schließlich bei Uhlenhoff von den großen Tischtüchern drei abbestellt.

Zu Haus trank Mama Tee mit Frau Tewes. Ich saß kurz dabei und ging dann hier herauf, und als ich eben wieder in mein Zimmer kam, stand ich hier und sah herum und dachte, ob denn nicht ein Hauch oder ein Schimmer oder der gute englische Geruch von seinem Taschentuch hier noch irgendwo haftete – hier hatten wir gestanden, am Bücherschrank – auf dieser Stelle – und es war *nichts* geblieben. Wie ist das alles nur möglich! Nun ist die alte Liebe wieder erwacht – ach, wenn Du doch hier gewesen wärest!!! Linsche will mir heute abend heißes Zuckerwasser geben und an meinem Bett sitzenbleiben, bis ich schlafe.

Nun lebe wohl und komme doch bald

zu Deiner unglücklichen
Matti

Bremen, den 26. Januar 1895

Liebe einzige Bertha!

Es war gut, daß Deine Mutter mich heute früh kommen ließ, um mit mir über Dein Kranzbinden zu reden. Es riß mich aus meinen schrecklichen Gedanken weg, und ich bin immer froh, wenn ich etwas für Dich tun kann.

Also Deine Hochzeit ist nun Mitte März, und dann ist ein Tag vorher das Kranzbinden bei mir. Deine Mutter hatte die Liste: der kleine Kreis sind 18 Personen – mit dem können wir unten bleiben. Der größere Kreis wären 30 Personen, und wir müßten in die erste Etage – Saal etc. Meinen Eltern ist beides recht, überlege es Dir mit John.

Ich warte nun sehnsüchtig auf Deine Antwort wegen gestern, und ob Du mich verurteilst, daß ich ihn zu mir heraufkommen ließ. Man tut im Moment aber doch immer das, was einem innerlich befohlen wird, und ich *konnte* nicht anders.

In inniger Liebe
Deine Matti

Bremen, den 27 Januar 95

Liebe einzige Bertha!

Ein Unglück kommt selten allein, und nun ist etwas ganz Schreckliches über mich gekommen. Du weißt doch, wie furchtbar es mir von jeher gewesen ist, daß die Eltern einfach ihre Pläne ohne mich machen und daß ich wie ein Paket hierhin und dorthin geschickt werde. Nun stelle Dir folgendes vor: Beim Frühstück liest Papa die Post, und dann sagt er: «Ich habe nun mit Mama alle Pläne festgelegt. Also gleich nach Berthas Hochzeit fährst du nach London – Onkel Christian und Tante Ellen schreiben mir ganz reizend, daß sie sich sehr darauf freuen. Dann kommst du nach 9 oder 10 Wochen zurück, und dann wird deine Verlobung hier veröffentlicht, da Dr. Retberg ja scheinbar den Winter in Dresden gut übersteht. Henry Deetjen bringt dich nach London, er muß hin, und das Datum ist ihm einerlei. Mama und ich fahren an den

Genfer See.» Ich war ganz versteinert, und schließlich sagte ich: «Könnte ich denn nicht zum letzten Mal mit euch in die Schweiz, bitte, nehmt mich doch mit, ich möchte jetzt nicht nach London.» Papa war gleich sehr böse und sagte: «Du hast früher durchaus nach London gewollt, um Englisch zu lernen und um Bercks zu besuchen, und nun plötzlich hast du wieder eine andere Idee, daraus wird aber nichts. Du kannst ja auch Eugènes wegen nicht nach Vevey, was du doch selbst immer gesagt hast.» Ich: «Aber wir könnten doch dann nach Lugano oder sonstwohin.» Papa, sehr aufgebracht: «Ich kann dich überhaupt nicht mehr verstehen, du hast doch früher durchaus nach London gewollt und immer betont, du wolltest Eugene nicht wiedersehen – er würde ja auf alle Fälle auch nach Lugano kommen – also ist es *ausgeschlossen*. Wir haben schon unser Logis im Hotel du Lac bestellt.»

Voller Graus malte ich mir aus, *was* es für eine Szene würde, wenn ich jetzt sagte, ich wollte Percy heiraten und Rudi verabschieden!! Nicht auszudenken! Auch Mama sagte, daß sie meine Launen nicht verstehen könne. Sie haben ja recht – da sie nichts wissen.

Liebste Bertha, ist es nicht ganz furchtbar? Percy ist fortwährend bei Bercks, er ist da Kind im Hause.

Deine ganz verzweifelte
Matti

Bremen, den 28. Januar 1895

Liebe einzige Bertha!
Eben kommt Dein Telegramm, daß Du früher zurückkommst. Ich weiß, daß Du meinetwegen kommst, und schreibe Dir rasch nochmal, ob Du auch John und Deinen Schwiegervater damit nicht verstimmst, das wäre doch furchtbar. Dein Telegramm hat mich schrecklich gerührt.

Deine dankbare
Matti

22. März 1895
London S. W. 10
4, Kensington Gardens

Liebe einzige Bertha!
Oft denke ich in diesen Tagen, daß ich von einem Strudel erfaßt bin. Dein Kranzbinden bei uns, mit all den Proben vorher, – Deine Hochzeit, – die Reise hierher und nun London! Du ahnst nicht, *wie* schrecklich der Abschied von Dir war! Da Ihr nur mich allein mit an den Wagen nehmen wolltet und der Abschiedskuß an

Euch beide nur eine Sekunde dauerte, erschrak ich, als die Wagentür zuflog und als der Wagen blitzschnell wegfuhr und ich dann plötzlich ganz allein auf der Straße stand. Ich fror entsetzlich in meinem weißen Kleid, aber nicht nur äußerlich! Du sahest so bezaubernd aus in Deinem Brautkleid und auch nachher im braunen Reisecostume und braunen Hut! Wie wunderbar war Pastor Portigs Predigt! – unsere ganze Kindheit stand wieder auf. Am schönsten waren für mich die herrlichen Worte, die er über unsere Freundschaft sagte, die wie ein Stern über unserem Leben geleuchtet hätte. Ich ging schon um 11 weg und habe vorher noch allein an Deinem verlassenen Bett gesessen, auf dem das Brautkleid und der Schleier lag, und ich schickte Euch beiden so innige Wünsche in die Ferne! Als ich dann sehr müde oben bei Linsche ankam, sprangen Prinz und Pieter mir entgegen, und *Du* hattest es gewollt, daß Prinz mit bei mir sein sollte! Wer hat nun solche liebevollen Gedanken außer Dir! Ich danke Euch nochmals innigst für die Türkis-Brosche mit Diamanten eingefaßt. – Ich werde sie nun immer in Gedanken an Euch tragen! – –

Nun muß ich Dir noch von einem Nachspiel Deiner Hochzeit berichten: Ich ging ja mit Ernst zu Tisch, und das war gut. Aber rechts neben mir saß der Mann von John seiner verstorbenen Freundin. Er war mir gleich sehr unsympathisch, und den ganzen Abend stellte er mir nach. Am anderen Morgen kam ein Riesenstrauß mit einem Billett folgenden Inhalts:

«Liebes verehrtes Fräulein Berck!
Darf ich Sie heute besuchen? Ich möchte Sie fragen, ob ich bei Ihrem Herrn Vater um Ihre Hand anhalten darf. Seit ich meine Frau verlor, hat kein Mädchen mich so beeindruckt wie gestern Sie.   Ihr ergebener A. B.»

Wie findet Ihr das? Ich schrieb zurück:

«Sehr geehrter Herr B.!
Hierdurch teile ich Ihnen mit, daß ich verlobt bin.
                              Mit bestem Dank für die schönen Blumen
                                                            Marga Berck»

Dieses Billett schickte ich durch Wilhelm zu Hillmann. Schreib mir doch bitte mal, ob Johns Freundin mit diesem Mann glücklich gewesen ist!? – Wie froh bin ich, daß Ihr das Kranzbinden bei uns schön gefunden habt. Nun fahrt Ihr in die Schweiz, und ich bin in London.

Der gute Herr Deetjen sorgte rührend für mich. Er fragte, ob ich die Nacht auf dem Schiff lieber bei ihm in der Kabine oder in der «ladies cabin» schlafen wollte. Ich dachte: «Besser viele Frauen als ein alter Mann» und entschied mich für die ladies cabin. Er lieferte mich früh 7¹/₄ hier in Kensington Gardens ab. Der alte Diener und Kate, Tante Ellens fabelhafte Jungfer, nahmen mich in Empfang. In der ersten Etage kamen Onkel Christian und Tante Ellen in Schlafröcken aus ihren Zimmern und waren beide bezaubernd. Mein Zimmer ist zweite Etage. Ich bekam sofort ein Bad und zog mich danach um. Als ich vom Bad herauskam, standen fünf Cousinen in Nachthemden um mich herum, es war wirklich zu himmlisch. Greta etwa 17, Edith 14, Mary 9, Margot 4 und Lotte 2 Jahre alt. Dann packte ich mit Greta aus, und um ¹/₂9 saßen wir unten um den langen Frühstückstisch, der von den verschiedensten Herrlichkeiten voll war. Zuerst gibt es immer ein warmes Vorgericht, dann Auflage, Käse etc. etc.

Nun sind meine Tage so eingerichtet, daß ich jeden Morgen eine englische Stunde habe von 9–10, unten im Arbeitszimmer der Kinder. Beim Frühstück wird besprochen, wer nachher mit mir ausgeht, entweder Georgie oder Greta oder die Erzieherin oder Tante Ellen selbst. Sie nimmt mich dann in ihrem eleganten Wagen zu den Besorgungen mit in die Stadt, was ich gestern wirklich sehr genossen habe! Die Regent Street und die Oxford Street sind ja ganz fabelhaft und die Läden ganz unbeschreiblich elegant. Ich bin ja nun erst den vierten Tag hier. Als ich am ersten Morgen hier erwachte – ich sollte ausschlafen nach der letzten Nacht auf dem Schiff und wurde nicht geweckt –, ertönte unten auf der Straße Musik, und was wurde gespielt? Der Walzer von Lanner. Es klang wie Eure Dorfmusik in Darneelen. Greta kam herein und sagte, es sei die «German band», die käme jeden Donnerstagmorgen um 9. Bei mir sind immer nur die Zufälle so sonderbar. Ich sah sofort Percy am Klavier und hörte ihn singen: «Habe so lang meinen Schatz nicht gesehn.» Übermorgen, Sonntag, den 24. März, kommt er hierher wie jeden Sonntag, davor habe ich eine schreckliche Angst. Ich schreibe Dir dann bald.

Dir und John liebevolle Grüße und Küsse
von Eurer dankbaren Matti

London, Montag, den 25. März 95

Liebe einzige Bertha!

Ja, gestern war er hier. Er kommt verschieden, manchmal schon zum Lunch, und bleibt bis abends, er tut das seit dem Tod seiner Eltern. Also gestern kam er vor 5 zum Tee mit Gustav Quentell, Annas Bruder. Er gab mir kühl die Hand beim Kommen und Gehen. Oft fühlte ich diesen inneren Zwang, ihn anzusehen, und jedesmal begegnete ich seinem Blick. Aber der Blick war düster. So wird das hier nun die langen Wochen bleiben, und ich kann den Gedanken kaum ertragen, mit ihm zerrüttet zu sein.

Das Haus hier ist wunderbar, aber noch mehr imponieren mir die sieben Dienstboten, die so fabelhaft eingelernt sind, daß alles wie am Schnürchen läuft. Heute morgen war ich mit Tante Ellen, Greta und Edith in der National Gallery und strich wieder die berühmten Bilder an. Ach – wie hängen mir alle diese Bilder aus dem Halse! Viel schöner fand ich es, nachmittags oben mit den Kindern auf dem Bus durch die Stadt zu fahren, die London Bridge zu sehen und alles bunte Leben! Das ist ja ganz überwältigend! Ich schreibe morgen weiter.

Onkel Christian ist der Vorsitzende des Deutschen Clubs, weshalb er hier eine besondere Stellung in der deutschen Colonie einnimmt. Jeden Abend ziehen Tante Ellen, Greta, Edith und ich decolletierte Kleider an, und Onkel Christian ist im Frack. Die Umzieherei ist sehr lästig, aber man gewöhnt sich daran. Ich habe nur das weiße Abendkleid von Deiner Hochzeit mit, das ich noch schonen will, und das alte Hellblaue, das Percy an dem Abend bei Hillmann – nach dem Rennen – so sehr liebte! Wir kauften hier nun zum Wechseln noch ein ganz bezauberndes pistaziengrünes Abendkleid, das über den Schultern Sammetbänder in vieux rose hat. Ich trage es nun sehr viel.

In Liebe küßt Dich
Deine Matti

London, Dienstag, den 26. März 95

Liebe einzige Bertha!

Tausend Dank für zwei liebe Briefe von der Hochzeitsreise, und wie dankbar bin ich, daß Ihr so glücklich seid. Ihr braucht Euch wegen Percy nicht zu sorgen. Dies entsetzliche «Schneiden» wird bis zum Schluß so weitergehen. Was soll er denn auch anderes tun? Er ist doch zu Tode gekränkt, und ich muß es tragen, aber mein Herz blutet!

Das Leben ist hier so bunt, daß ich kaum zum Nachdenken komme. Gestern waren wir auf einem großen Dinner beim deutschen Generalkonsul – seine Frau ist tot. Es war eine sehr elegante Gesellschaft, meistens Deutsche. Heute wollen wir ins Theater. Onkel Christian ist der liebste und beste Mann der Welt, aber rasend komisch mit seinen verschiedenen Ideen, z. B. sammelt er Uhren, die Erinnerungen haben. In meinem Zimmer stehen vier. Als sie alle tickten und schlugen, habe ich drei abgestellt, und am anderen Morgen, als ich es ihm beichtete, war er einfach außer sich und sagte, etwas Schlimmeres hätte ich ihm nicht antun können. Seine Großmutter ist beim Ticken der einen Uhr gestorben und der Großvater bei der anderen. Während dieser Auseinandersetzung lachten die Kinder sich halb tot. – Dann weint er bei jeder Gelegenheit, was die anderen auch sofort zum Lachen reizt. Nachts um 1 geht er durchs ganze Haus und sucht die Diebe. Er stößt mit dem Fuß an alle Schränke, die auf dem Vorplatz stehen. Er tut dies auf Grund einer bösen Erfahrung. Tante Ellen ist außer sich darüber, weil oft die Kleider herunterfallen. Sonntag nach dem Frühstück kommen der Reihe nach alle Kinder auf seinen Schoß und erzählen von dem, was sie gerade erlebten. Sein Liebling ist Mary, sie ist 9 Jahre und sieht bezaubernd aus, dabei sehr helle. Sie hatte also ihrem Bruder Dick ein Stück Schoko weggenommen, worüber große Aufregung herrschte. Er fragte nun das Kind: «Why did you do that? – I want to know it.» Da sagte sie mit verblüffender Offenheit: «Because I want to have it myself.»

Sie nennen mich hier alle «Margalein», weil Onkel Christian das von jeher gesagt hat. Georgie und Dick sind sonst im College, nur jetzt auf Ferien hier zu Ostern. Greta ist sonst auch in Pension, wird aber jetzt hier konfirmiert und hat lange Ferien. Zu mir sind alle ganz rührend. Morgen soll ich den Tower besehen, und jeder Tag bringt neue Eindrücke.

Dir und John tausend Grüße!

In großer Liebe
Deine Matti

London, den 29. März 95

Liebe einzige Bertha!

Es ist jetzt abends 9 Uhr – ich bin früh hinaufgegangen und muß mich durch diesen Brief und die Aussprache mit Dir beruhigen. Ich schrieb Dir doch schon, daß Percy mich hier sozusagen kühl schneidet, was ich ja auch verstehe. Aber eben war ich doch ganz gebrochen. Denke Dir, er kam heute, Freitagabend, zum Dinner, ohne daß ich es wußte. Er hatte Onkel Christian in der City getroffen und gefragt, ob es heute paßte. Ich ahnte nichts und saß allein unten vorm Essen im drawingroom unter der Lampe lesend und wartete auf die anderen. Plötzlich geht die Tür auf, und Percy kommt herein, sieht mich und sagt eisig «Good evening» – nimmt die «Times», setzt sich an den Kamin und liest – ohne mich überhaupt zu beachten. Ich kriegte starkes Herzklopfen, dann stand ich auf, ging hinaus und wartete draußen auf die anderen. Beim Essen saß er mir genau vis-à-vis. Sooft meine Blicke ihn trafen, so oft sah er mich an. Wenn ich doch nur ein Wort mit ihm sprechen könnte, aber nun will er es ja nicht mehr!!! Nach dem Essen sagte ich,

ich hätte Kopfweh, und sie möchten mich für heute abend entlassen.

Da sitze ich nun oben und schreibe Dir.

Und nun gute Nacht, mein lieber Engel!

In inniger Liebe
Deine Matti

London, den 1. April 95

Meine liebe liebste Bertha!

Gestern, Sonntag, den 31. März, war Percy wieder hier. Er kam zum Lunch. Nach Tisch kam eine große Verlosung am langen Tisch im Eßzimmer für die Jugend. Es regnete in Strömen. Georgie, Dick, Edith, Greta, Mary, Percy, Gustav Quentell und ich spielten diese Lotterie mit Rennpferden, nachher kamen Pfänderspiele. Da sollte Percy mich etwas fragen und wollte es nicht. Da sagt Mary: «Warum bist du so unfreundlich zu Margalein? Sie hat dir doch bestimmt nichts Böses getan?» Er: «Doch, sie hat mir etwas Böses getan!» Greta: «Ihr wart doch zusammen in Lesmona, mochtet ihr euch da nicht?» Ich: «Nein, wir konnten uns da nicht leiden.» Nun kamen auf Mary drei Wünsche hinter der Tür. Ihr erster Wunsch war: «Percy soll sich mit Margalein vertragen und ihr die Hand geben.« Er sagte: «You beastly little thing, couldn't you ask for something else?» Ich fand es entsetzlich und sagte: «Komm, Percy, laß uns vertragen und gib mir die Hand, weil Mary es will.» Es war eine frostige Versöhnung. Nachher wurde weiter gespielt, und ich paßte nicht auf. Da rief Percy: «Daisy, du mußt jetzt setzen.» Mary, furchtbar aufgeregt: «You call her Daisy, but why? Shall I call her Daisy too?» Percy: «That was her nickname in Lesmona.» Ich: «Bitte, nennt *ihr* mich aber *nicht* so.»

Nachher liefen die Kinder weg, und als wir zum Tee herübergingen, sagte Percy leise zu mir: «How awful it all is.» Wir waren einen Augenblick allein im Zimmer, ich stand am Fenster und hatte die Hand auf die Fensterbank gelegt. Er legte sofort seine Hand drauf, und ich sagte: «Percy, denke nicht, daß ich hierher gewollt habe, ich habe meinen Vater angefleht, mich mit in die Schweiz zu nehmen, aber er wollte es nicht, weil ich mir doch früher immer so gewünscht hatte, hierherzukommen. Es ist schrecklich, daß ich jetzt durch mein Hiersein unsere Qual verlängere.» Er: «*Unsere?* Du meinst wohl *meine?*» Ich: «Nein, meine *genau* so.» Dann sagte ich rasch: «Ich glaube, daß Onkel Herbert irgend etwas über uns an Tante Ellen und Onkel Christian geschrieben hat.» Er: «Ich habe auch den Eindruck. Wenn du willst, daß ich ganz wegbleibe, kannst du es mir sagen.» Ich: «Das mußt du machen, wie du willst.» Er:

83

«Ich habe immer Sehnsucht, dich zu sehen.» Ich: «Ich auch nach
dir, es ist solche Erlösung, ein Wort mit dir zu sprechen.» Percy:
«Bist du noch so unglücklich?» Ich: «Das siehst du doch wohl, ich
wäre am liebsten tot.» Dann kam Greta herein. Aber so kurz unser
Gespräch gewesen war, es war doch eine Erlösung.

Ihr wollt also vor Ostern wieder in Hannover sein, und ich kann
mir denken, wie sehr Ihr Euch auf die süße Etage freut. Eure Einladung, gleich nach London zu Euch zu kommen, nehme ich mit
tausend Dank an.

In inniger Liebe
Deine Matti

London, Donnerstag, den 4. April 95

Liebe einzige Bertha!
Tausend Dank für Eure Karten und zwei liebe Briefe, die Gottseidank nur Glück und Freude atmen. Bei mir ist es aber gerade
umgekehrt, und ich will es Euch nun erzählen. Du hast es neulich
schon geschrieben, wie sehr Du Dich darüber sorgtest, daß ich hier
wieder mit Percy zusammenkäme und daß nun alles von vorne
wieder anfangen würde. Ich hatte die zwei Briefe von Rudi aus
Italien in meinem letzten Brief an Dich mit eingelegt, damit Ihr
selbst einmal lesen könnt, wie er mir schreibt. Er könnte alle diese
Briefe genau so gut an ein fremdes Fräulein Meyer schreiben. Alles
dieses und das Wiedersehen mit Percy hatte mich so verrückt gemacht, daß ich mir plötzlich sagte: «Nein, ich kann es nicht mehr –
ich will jetzt an Papa schreiben.» Also wartete ich in der Nacht auf
Dienstag, bis Onkel Christian mit seinem Kontrollgang vorbei war,
machte Licht und schrieb in der Stille der Nacht an Papa. Erst zer-
riß ich drei Briefe, und den vierten kurzen, den ich folgen lasse,
couvertierte ich und frankierte ihn. Er lautete:

«Mein lieber lieber Papa!
Verzeihe es mir, daß ich Dir und der geliebten Mutter heute
einen sehr großen Kummer mache, aber ich kann nicht anders.
Ich habe eingesehen, daß ich mit Rudi nicht glücklich werden
kann, und ich möchte ihm so bald wie möglich abschreiben.
Es quält mich schon seit langer Zeit. Bitte verzeiht es Eurer
Marga.»

Diesen Brief behielt ich in großer Aufregung den Dienstag über
in der Tasche und wollte ihn Mittwoch früh einstecken, also gestern. Da kommt gestern ein Brief von Papa folgenden Inhalts:

Meine liebe Marga!

Mama und ich danken sehr für Deine lieben Briefe und sind froh, daß Du Dich so rasch eingelebt hast. Aber Onkel Christian schreibt mir heute, daß er und Tante Ellen sich um Dich sorgen, weil Du keinen glücklichen Eindruck machtest. Ich möchte Dir nun folgendes schreiben: Kurz nach Deiner Abreise hat Dr. Retberg mir geschrieben, er hätte den Winter in Dresden gut überstanden und hielte jetzt noch einmal um Dich an. Ich antwortete ihm, daß die Verlobung Mitte Juni veröffentlicht werden könnte. Gleichzeitig machte ich dem alten Bürgermeister Retberg meinen ersten Besuch, um ihm dieses mitzuteilen. Er war sehr glücklich darüber. Auch Heinz und Rena und unserer ganzen nächsten Familie habe ich es dann mitgeteilt. *Alle freuten sich!!* Die Anzeigen sind gedruckt. Sollte Deine Verstimmung mit Deiner Verlobung zusammenhängen, was wir ja nicht wissen, so bitte ich Dich, zu bedenken, daß Du selbst diese Verlobung gewünscht hast, ausdrücklich gegen unseren Willen, weil wir Retbergs Lungenerkrankung beanstandeten. Du hast Dich drei Mal ‹beinahe› verlobt. Mit Hans W. habe ich es inhibiert. Martin und Egon P. haben den rechten Moment verpaßt, den Dr. Retberg nun gerade erwischt hat. Auch mit Eugène war es sehr problematisch, und oft warst Du Dir durchaus nicht klar darüber, ob Du ihm nicht doch Dein ‹Ja› geben solltest. Es ist ja wohl nicht anzunehmen, daß ein Sechster dazwischengekommen ist! Es kann doch nicht ewig so weitergehen. Aber wir kennen ja gar nicht den Grund Deiner Verstimmung, den Du uns bisher vorenthalten hast. Früher wolltest Du durchaus nach London, und als es nun soweit war, hattest Du keine Lust. Ich rede Dir nun sehr ernst zu, Deine Launenhaftigkeit zu bekämpfen. Mama und ich glauben an Deinen guten Kern, aber wir können die Kurven Deines Wankelmutes nicht verstehen, meine liebe gute Marga.

Dein Dich innig liebender
Vater»

Ich habe dann den in der Nacht an Papa geschriebenen Brief nicht an ihn, sondern an Percy geschickt und gleichzeitig den von Papa mit an ihn eingelegt. Nun warte ich, was er mir Sonntag sagt. Aber Du kannst aus dieser Sache sehen, daß Rudi mein Schicksal ist. Auf Papas Brief werde ich nicht antworten: er hat ja in allem recht, wenigstens *soweit er es übersehen kann.*

In großer Liebe Deine aufgeregte
Matti

Liebe einzige Bertha!

Da Ihr nun schon am 10. zurück sein werdet, soll dieser Brief Euch in Hannover empfangen und soll Euch meine liebevollen Grüße bringen. Ich kann es kaum abwarten, bis ich bei Euch bin. Nun habe ich Dir, mein lieber Engel, solche Unruhe bereitet mit meinem Kummer, und das grämt mich sehr.

Gestern kam sonntags wieder Percy. Er sah sehr elend aus, er drückte mir fest die Hand, als er hereinkam. Beim Essen schlug er vor, wir sollten nach Tisch einen Spaziergang machen, es wäre so schönes Wetter, aber nur Edith, Gustav Quentell und ich hatten Lust. So zogen wir zu viert ab. Zuerst ging ich mit Gustav Quentell, und nachher kam der Wechsel. Percy sagte ziemlich wörtlich folgendes: «Ich kann dich nicht überreden, trotz dieses Briefes von deinem Vater jetzt Dr. Retberg abzuschreiben. Es wäre für mich eine ungeheure Verantwortung, aber wenn du es aus dir selbst tust, so gehe ich hier sofort zu unserem Rechtsanwalt und mache meinem Schwager den Prozeß auf Herausgabe meines Erbteils, und eins will ich dir sagen, Daisy, wenn es zum Klappen kommt, so kannst du jeden Tag ein ganz süßes Zimmer haben bei meinen nächsten englischen Freunden, die ganz nahe bei mir wohnen. Was dein Leben dort kostet, kann ich leicht bezahlen. Ich habe sie schon gefragt, und du kannst da bleiben, bis ich dich heiraten kann. Jede Stunde, die du früher kommst, bedeutet für mich ein Glück. Am Tage bin ich ja im Geschäft, aber meistens kann ich um 6 bei dir sein, und ich hätte dich dann *endlich*.» «Percy», sagte ich, «das wäre denn das, was man einen *Skandal* nennt, und davor habe ich eine Todesangst, und wir dürfen den Kopf nicht verlieren.» Wir verabredeten beide, bis zum Donnerstag zu überlegen. Nachher fahren wir alle zusammen nach Greenhill hinaus, um Ostern draußen zu sein. Bercks bleiben dann mit mir und den Kindern noch etwas länger draußen. Percy muß Dienstag nach Ostern ins Geschäft zurück. Die Aussicht, ein paar Tage draußen zusammen zu sein, machte uns schon froh! Ja, liebste Bertha, wegen so entsetzlicher Komplikationen mußte ich nach London reisen!! Nun schreibe mir, was ich tun soll.

In großer Liebe
Deine Matti

Greenhill, April
(Kent)

Liebste Einzige!

Nun ist Ostern hinter uns, und ich will Dir alles erzählen. Inzwischen kam ein erschütternder Brief von Mama – sie ahnen ja na-

türlich nichts von Percy und können deshalb die Lage nicht übersehen. Sie schreibt, durch Carly und Georg hätten sie soviel Kummer und Sorgen gehabt, und nun sollte ich – ihre einzige Tochter –
durch Wankelmut oder Launen ihnen keinen neuen Kummer be-
reiten. Sie bittet mich auch, ihr doch offen über alles zu schreiben.
Dann kam Dein Brief vom 11ten, den Du gleich nach Deiner Ankunft in Hannover geschrieben hast, und der Deines John, und alle
diese Briefe kamen noch nach London, und Onkel Christian brachte
sie Sonnabend vor Ostern mit hier heraus. Du schreibst, Du merk-
test, daß Percy und ich jetzt absacken und den Kopf verlieren und
daß Du krank bist vor Angst, daß wir jetzt verkehrte Wege gehen.
Mein lieber Engel, ich will ja den richtigen Weg gehen. Für mich
ist die Frage diese: wenn ich Rudi abschreibe, kann ich nicht in
Bremen bleiben, sondern ich gehe wahrhaftig hier gleich zu Percy,
und Papa wäre dann doch gezwungen, uns bald heiraten zu lassen,
– oder: es bleibt alles beim alten. Denn: Rudi verabschieden, den
ganzen entsetzlichen Krach haben, weiter bei den Eltern irgendwo
leben und Percy hier allein in London sitzenzulassen, das war inzwischen für mich unmöglich geworden. Ich habe nachts auf den
Knien gelegen und zu Gott gefleht, mir den rechten Weg zu zeigen
und mir ein Zeichen zu geben, was ich tun soll. Und dieses Zeichen kam nun mit Deinem letzten Brief. *Nicht* Mamas ergrei-
fender Brief war es, der mir den Weg zeigte, denn sie ahnt ja nichts
von Percy. Aber Du schreibst mir: «Du wärest einer solchen Katastrophe – einem Skandal *nicht* gewachsen, Du würdest die langen
Tage allein sein und Bercks und sonst *keiner* käme mehr zu Dir,
wie wolltest Du, von allen gemieden, so allein leben – in London
– zuerst mit sehr wenig Geld, Du – – und nur in den Nächten wür-
det Ihr glücklich sein – und – soll man sich für die Nächte heiraten?» Diesen Satz kann ich jetzt auswendig und sage ihn mir immer vor. Er sagte selbst, der Gedanke, daß ich einmal bei ihm
krank werden könnte, daß niemand zu mir käme und daß eines
Tages ich durch ihn unglücklich sein würde, hätte ihn schon halb
verrückt gemacht.

Nun will ich aber zurückgreifen. Am letzten Donnerstag sind
wir herausgekommen, und ich kam hier in ein Paradies, der Garten in einer Frühlingsblüte, wie ich noch keine gesehen, das Haus
ganz wunderbar, und Percy in meiner Nähe. Allein dies Gefühl
beglückte mich schon. Sein Zimmer war – glaube ich – über meinem,
und dann hörte ich ihn morgens «An Silvia» singen. Es war eine
schmerzliche Lesmona-Stimmung. Am Sonnabend vor Ostern zogen wir alle in die kleine Kirche, ein großer Wagen mit Körben
voll daffodils (Osterblumen) fuhr uns voraus, aus allen hiesigen
Gärten gepflückt, und wir schmückten, auf Leitern stehend, die

ganze Kirche. Ostersonntagmorgen waren wir dann alle in der Kirche, und sie sah ganz unwahrscheinlich schön aus im Schmuck dieser Frühlingsblumen. Die englische Predigt konnte ich nicht verstehen, aber ich habe mehr denn je gebetet.

Nachher war großes Ostereiersuchen im Garten, Percy gab mir heimlich ein ganz bezaubernd schönes Osterei von Fuller, und der Ostermontagmorgen brachte uns das große Glück: von 10–1, also drei volle Stunden, konnten wir allein unten im Garten sein. Onkel Christian und Tante Ellen fuhren in der Nachbarschaft herum, Greta und Edith waren elend, Mary mit den Kleinen oben im Garten und Percy und ich allein unten in der Sonne auf der Bank. Hinter uns das Gehölz und vor uns die Weide mit den Pferden. Ich hatte ihm Mamas, Deinen und John seinen Brief mitgenommen. Wohl war er furchtbar erschüttert, aber er sieht doch jetzt, wie das Schicksal alles entscheidet und daß ich das tun muß, was Du schreibst, weil er fühlt, daß ich keine Kraft habe, eine Katastrophe auf mich zu nehmen, und plötzlich holt er noch einen Brief aus der Tasche, und das war Deiner an ihn, von dem ich nichts ahnte. Durch diesen Brief von Dir war die Vernunft über ihn gekommen. Er schiebt mir bei diesem ganzen Schicksal *keine* Schuld mehr zu, er zürnt mir nicht mehr, und das ist das Glück dieser letzten Tage. Er hatte mich die drei Stunden in seinen Armen, und wir suchten immer beide noch nach einem Ausweg. Ich zeigte ihm, daß ich sein Armband immer an einem seidenen Faden um den Hals trage, und er hat es geküßt. Dann holte er aus seinem Portefeuille ein gedrucktes kleines Blatt und sagte: «Sieh mal, das habe ich mir aus einem deutschen Buch ausgeschnitten, es paßte so fabelhaft für die ersten Wochen, als du in London warst.» Ich las folgenden Vers:

> «Wenn Du verraten mich am Tage
> Und wenn Du nicht an mich gedacht,
> Was kommst Du, weinend dann, o sage,
> Im Traume zu mir jede Nacht?»

«Jede Nacht träumte ich, daß du weintest und zu mir kämst, und am Tage wußte ich, daß du mit einem anderen verlobt bist.» «Ja», sagte ich, «es ist richtig, ich weine jede Nacht und denke an dich.»

Aber drei glückliche Stunden gehen rasch vorüber, und wir mußten kurz vor 1 nach oben. Als wir den Hügel heraufkamen, kam Mary uns entgegen. Sie sagte: «Habt ihr euch nun wirklich vertragen? Are you not angry with her anymore?» Er nahm sie auf den Arm und sagte: «Now everything is allright, I can't be angry with her, wir haben uns zu Ostern vertragen.» Sie sagte sehr glücklich: «Allright, I *see,* you made thoroughly up.»

Nun ist er abgereist, und ich lebe ganz mit den Kindern, und Dir verdanke ich das Glück, daß er mich jetzt *versteht*. Auch John danke ich für seinen lieben, guten Brief.

In Liebe ist immer bei Euch
Eure Matti

PS.
Denke nicht, daß ich jemals Rudi gegenüber ein schlechtes Gewissen hätte. Nein – nicht die Spur! Ich weiß und fühle, daß er noch ganz andere Erlebnisse hat. –

Greenhill, April 95

Liebe liebste Bertha!
Nun muß ich Dir noch von einem Zwischenfall erzählen. Weißt Du noch, wie wir beide in Darneelen durchaus den Morgenstern sehen wollten und früh um 5 den Weg zum Dammsberg herauffliefen, ihn da sahen und ganz berauscht waren? Daran mußte ich in Greenhill denken, als wir Ostermontagabend Percy zur Bahn brachten und den Abendstern sahen. Du weißt doch, daß er derselbe ist wie der Morgenstern? Ich schlief die Nacht sehr wenig, und früh vor 5 hatte ich so große Sehnsucht nach der Bank, auf der ich gestern mit Percy drei Stunden gesessen hatte, und ich dachte es mir so wunderbar, von dort den Morgenstern zu sehen. Ich zog mich rasch an und ging ganz leise hinunter, schloß unten die Tür auf, lief hinunter zum Gehölz und saß ganz berauscht auf unserer Bank. Es war ein ganz großes Erlebnis. Alles war totenstill in der Natur und der leuchtende Stern am Himmel! Es war noch dämmerig und eine ganz herrliche Luft! Ich dachte an Gott, der unsere Wege führt, und dann dachte ich an Dich und an Percy – alles sah anders aus als am Tage, und mir fielen lauter Dinge ein, an die ich noch nie gedacht hatte: daß die Bäume, die Blumen, die Gräser, die Sträucher – alle Wunder der Sterne, des Mondes und des Sonnenaufgangs miterleben und genießen – während die Menschen schlafen. Zum ersten Mal kam ein dunkles Gefühl von Ewigkeit in meine Seele und von den großen Geheimnissen, die uns umgeben und von denen wir nichts wissen. Ich kam mir so klein vor wie ein Wurm in all der Herrlichkeit, aber das Leid um Percy blieb doch in meinem Herzen, und ich dachte an den Vers:

«Auch des Verirrten denket
Der Hirt auf hoher Wacht.
Wirf ab, Herz, was Dich kränket
Und was Dir bange macht.»

Da fing ich an zu frieren und lief wieder hinauf. Gottlob hat es keiner gemerkt.

Mai

Nun sind wir wieder in London, und ich soll noch viel sehen. Tante Ellen fährt nachher mit mir nach Deutschland zurück, und zwar wollen wir Ende Mai abreisen, dann war ich hier über neun Wochen. Nun sehe ich Percy noch drei Mal an drei Sonntagen. Wir haben ja wenig von einander, und doch ist es ein solches Glück, wenn er, wie gestern, für mich am Flügel sitzt und singt und spielt. Im Hause sprechen alle Englisch, nur mit mir noch viel Deutsch. Ich verstehe jetzt fast alles und fange langsam an, zu sprechen. Morgens, ehe ich heruntergehe, gehe ich stets in die nursery. Das ist was ganz Bezauberndes! Die zwei kleinen Mädchen sitzen am Tisch und frühstücken mit Nurse, sie reden wie kleine Vögel. Das ganze Zimmer ist auf Rosa abgestimmt. Nurse ist stets schneeweiß angezogen.

Tante Ellen ist bildschön und enorm elegant. Es ist wunderbar, mit ihr in die großen Läden zu fahren und einzukaufen. Heute soll ich wieder mit ihr in das Kensington-Museum, was ich durchaus nicht schätze, aber dann freue ich mich sehr auf die drei Schlösser: Windsor, Hampton Court und St. James' Palace, die wir nächster Tage besichtigen wollen. Aber es ist alles gedämpft wegen des Kummers um Percy, und ich leide sehr um ihn.

In inniger Liebe
Deine Matti

London, Mai 95

Liebe einzige Bertha!
Tausend Dank für Deine Briefe. Du hast Dich doch jetzt wieder etwas beruhigt, wie mir scheint, aber in Percy und mir ist noch alles in Aufruhr.

Gestern machte ich mit Tante Ellen Besorgungen, und während sie in einem wunderbaren Ledergeschäft eine Reisetasche aussuchte, kaufte ich an der anderen Ecke ein ganz bezauberndes Portefeuille aus braunem Krokodilleder für Percy. Papa hat mir zum ersten Mal kein festes Geld zugemessen, ich kann einfach durch Onkel Christian abheben lassen. Rudi schreibt aus Venedig, und seine Briefe bedeuten mir nur insofern etwas Gutes, als ich ihn weit weg weiß. Er kündigt mir jetzt schon an, daß er später mindestens ein Mal im Jahr nach Italien müßte und daß diese Studienreisen für mich zu anstrengend sein würden. Wenn ich jetzt an meine Verlobung denke und wie es möglich war, daß ich «Ja» sagte, so muß ich immer wieder an die Geschichte mit dem Hummer denken: die momentane Verlockung, dieser Charakterfehler ist mein Schicksal geworden.

Heute fuhr Tante Ellen mit mir in den Hyde-Park mit ihrem schönen Wagen und den ganz herrlichen Pferden. Jetzt ist das gesellschaftliche Leben erwacht, weil die season beginnt. Wir sind abends sehr oft eingeladen. Aber was nützt es, daß ich Dir fremde Namen nenne! – Wenn wir dann nach Hause kommen, oft sehr spät, ist unten immer auf dem Tisch ein Réchaud mit heißem Cacao und Cakes. Oft sehen Bercks mich besorgt an. Ich bin sehr dünn geworden.

In großer Liebe
Deine Matti

London, Mai 95
Montag

Liebe einzige Bertha!
Gestern war er wieder hier, er sieht so elend aus und jammert mich entsetzlich. Wir hatten ein ganz seltenes Glück. Bercks waren mit vier Kindern bei Tante Ellens Verwandten eingeladen. Greta brummte und ging weg. Percy und ich hatten nur Tee mit ihr getrunken und waren dann allein im kleinen drawing-room. Er überlegte sich immer noch und quält sich schrecklich damit, ob ich nicht *doch* zu diesen Allans ziehen soll. Wenn er mich dann so weit hat, daß ich schwanke, fällt mir Dein Brief wieder ein. Ich sagte ihm gestern, er solle sich nur nicht denken, daß Papa mich in London lassen würde; er würde mich sofort hier abholen und mich in die Schweiz bringen, und Papa würde ihm eine entsetzliche Szene machen. Es war ganz bezaubernd, wie Percy da wegwerfend sagte: «Das wäre mir ganz einerlei, ich würde mich fast freuen, wenn ich deinetwegen so etwas über mich ergehen lassen könnte!» Aber die Überzeugung, daß Papa mich hier gar nicht lassen würde, machte ihm auch Gedanken. So siegt doch immer mehr bei uns beiden die kalte Vernunft, und ich weiß, daß Du aufatmest. Für mich ist immer wieder das ganz große Glück, daß er selbst meine Lage erkennt, daß er mir nicht mehr zürnt, und er sagt selbst oft: «Ich kann die Verantwortung nicht tragen.» Nun sind es noch zwei Sonntage und dann das furchtbare Nichts. Du mußt mir dann beistehen in aller Not.

Es küßt Dich und John
Deine Matti

Liebe liebste Bertha!

Gestern war beim ersten Frühstück etwas sehr Komisches. Jetzt wird die Große Oper Covent Garden für die season eröffnet, und Bercks wollen mich gern dahin nehmen. Sie überlegten nun, wen sie mitnehmen sollten, da Greta und Edith noch zu jung wären. Ich schlug Leni von P. vor, die ich sehr liebe, aber die wohnt so sehr weit weg. Da ruft Mary: «Nehmt doch Percy mit, er hat sich am Ostermontag mit mir vertragen.» Ich wurde sehr rot. Tante Ellen sagte: «Margalein, wenn du das willst, wäre das natürlich das Beste, denn ihn brauchen wir nachher wenigstens nicht mehr nach Haus zu bringen.» Als Percy mittags kam, wurde er eingeladen, und Onkel Christian will nun vier Plätze bestellen.

In Deinem letzten Brief fragst Du, wie Percy und ich uns meine «Übersiedlung» zu Allens überhaupt vorgestellt hätten. Ob ich fluchtartig mit meinem Handkoffer im cab hätte ausrücken wollen, wenn Tante Ellen einmal fort gewesen wäre? Ja, so ähnlich hatten wir es gedacht, und ich war nicht sehr weit davon entfernt, denn jetzt, wo Rudi weit weg ist, hat seine Macht doch aufgehört. Aber dann kommen die Gedanken an den furchtbaren Aufruhr hier! Die Empörung von Onkel Christian und Tante Ellen, denen ich anvertraut bin und die Percy wie ihren Sohn lieben – – –

Ja, wir haben so viel hin und her geredet, und wir hatten beide den Kopf verloren. Jetzt wissen wir nur noch, daß wir uns lieben, aber wir haben uns dem Schicksal ergeben.

In großer Liebe
Deine Matti

London, Montag, Mai

Liebe Liebste –

Daß Du mir in diesen schrecklichen letzten Tagen täglich schreiben willst, ist wieder so engelhaft gut von Dir. Vorgestern, Sonnabendabend, war es für ihn und für mich so schrecklich und so schön. Denke Dir, Bercks hatten innerhalb von einer Woche eine kleine dancing-party arrangiert. Es waren im ganzen 10 junge Paare und zwei alte. Eine englische Freundin spielte am Klavier und dazu eine Geige. Onkel Christian hatte plötzlich gesagt, ich müßte einmal bei ihnen tanzen. Ich hatte das hellblaue Ballkleid an. Zuerst war ein Souper an vier kleinen Tischen, es waren Engländer und Deutsche und die Jugend, die Percy fast alle von Kindheit an kennt. Die Mädchen waren alle sehr elegant. Als Percy mich gleich zum ersten Walzer holte, sagte er: «So, Daisy, jetzt ist mir alles ganz einerlei, meinetwegen können Bercks und alle es jetzt merken. Diesen

Abend will ich nur mit dir zusammen sein.» Er fragte: «Willst du den Walzer von Lanner und die ‹G'schichten aus dem Wiener Wald› haben?» Ich sagte: «Nein, das tut zu weh.» Da drückte er mich fest an sich. Wir tanzten schöner denn je und immer nur wir beide, und wir dachten an den Volksball in Vegesack und an den Abend bei Hillmann nach dem Rennen und an Nizza. Es war ein solcher *Rausch* und dabei der Abschiedsgedanke in der Kehle.

Nach einigen Tänzen – meistens Boston – lief Percy mitten in den Saal, er rief ein englisches Wort, das ich nicht verstand, und klatschte dazu in die Hände. Dann sah ich zu meinem Erstaunen, wie Percy durch den großen Eßsaal kam, zwei Mädchen am linken Arm, zwei am rechten, und eine hatte hinten seinen Frackschoß in der Hand. Er lief rasch zu mir und sagte: «Daisy, dies ist Damenwahl, wen nimmst du denn?» Ich sagte, etwas verstört: «Dich natürlich, aber ich habe ja wenig Chance.» Er nahm mich sofort in den Arm, und wir tanzten los. Nun hatte ich Angst, daß Tante Ellen und Onkel Christian ärgerlich wären, wenn er mir so ausgesprochen die Cour machte, und ich sagte es ihm. Percy antwortete: «Wenn du es mir jetzt nicht ausdrücklich verbietest, küsse ich dich hier unterm Kronleuchter, denn mir ist alles ganz einerlei.» Nachher kam ein Cotillon mit Blumen, die Mary herumreichte. Sie sagte zu Percy und mir, mit ihrem kleinen witzigen, süßen Ausdruck: «Ihr habt euch aber gründlich vertragen.» Natürlich kamen auch aus Höflichkeit die anderen jungen Leute, um mit mir zu tanzen, aber meistens tanzte Percy vorher mit mir weg. «Weißt du noch?» fragte er fortwährend. «Siehst du», sagte er, «die Erinnerung kann uns niemand nehmen, und das ist etwas, was wir beide wissen.»

Als alle weg waren, blieben Onkel Christian, Tante Ellen, Percy und ich in der großen Nische am Kamin sitzen, und Onkel Christian ließ eine Flasche Sekt kommen. Er war so taktvoll, nichts von meiner bevorstehenden Verlobung zu sagen, denn er hatte sicher gemerkt, daß zwischen Percy und mir *mehr* war als nur eine Freundschaft. So tranken wir auf ein gutes Wiedersehen, und plötzlich verlor ich die Nerven und fing an zu weinen. Onkel Christian, neben dem ich saß, zog mich sofort an sich und fing natürlich auch an zu weinen, worüber Tante Ellen lachen mußte, so daß sie mich mitriß. Onkel Christian *kann* keine Tränen sehen. Mein kleines Spitzentaschentuch war aber doch naß, und Percy kam, stellte sich vor mich, ließ das kleine Tuch rasch in seiner Hand verschwinden und sagte dann laut: «So, Daisy, nimm mein Taschentuch, es ist ganz rein.» Das habe ich auch behalten und lasse es nicht von mir.

Der folgende Sonntag war wahnsinnig melancholisch. Percy kam zum Lunch und blieb bis abends, aber wir waren halb tot vor Kummer. Nun kommt noch die Oper und Mittwoch die Abreise nach Deutschland. Ich schreibe Dir dann darüber aus Bremen. Jetzt habe ich hier noch so viel zu tun. Da ich allerlei gekauft habe, mußte ich mir noch einen Koffer kaufen und will schon etwas einpakken.

In großer Liebe
Deine unglückliche
Matti

Bremen, Mai 95
Freitag, abends 6 Uhr

Liebe einzige Bertha!
Gestern kam ich so kaputt hier an, daß ich sofort zu Bett ging, heute habe ich auch den ganzen Tag im Bett gelegen. Du weißt, daß ich das eigentlich nie tue, also kannst Du wissen, daß es nicht anders ging. Die Eltern sind Gottseidank noch weg. Soll ich nun diesen Sonntag oder Montag zu Euch kommen? Linsche steckt diesen Brief jetzt noch ein, und Du hast noch Zeit zu antworten, wenn ich Sonntag mit dem Mittagszug kommen soll, sonst Montagfrüh. Bis dahin bin ich wieder so weit.

Nun will ich Dir alles erzählen. Also zuletzt schrieb ich von der Tanzerei, dann kam «le dimanche triste et sombre», wie wir in der Pension sagten, und dann der Opernabend. Wäre nicht der furchtbare Abschied vor uns gewesen, hätten wir Grund gehabt, zu sagen: «It was a splendid evening.» Der Eindruck dieses Opernhauses ganz wunderbar, und diese elegante Welt! Wir hatten sehr gute Parkettplätze. Verdi: Rigoletto! Das Orchester war wunderbar, die Sänger hatte ich in Dresden schon mal besser gehört. Ich liebe die Musik so sehr. Alle Herren im Frack, alle Damen decolletiert, Tante Ellen im schwarzen Samtkleid ganz himmlisch. Ich hatte das weiße Kleid an von Deiner Hochzeit mit langen weißen Handschuhen und dazu das neue Cape aus Schwanendaunen um die Schultern, das mir Tante Ellen von Liberty geschenkt hatte. Percy hatte Tante Ellen Veilchen geschenkt und mir in der Garderobe drei dunkelrote Nelken angesteckt. Wir saßen so: Onkel Christian, Tante Ellen, ich, Percy. Und immer fühlte ich seinen Arm, und immer wußte ich, daß er mich liebte, und ich fragte ihn: «Was ist heute größer, das Glück oder das Unglück?» Er sagte: «Das Unglück.» Von Zeit zu Zeit sagte er: «Daisy, sieh mich an.» Nie in meinem Leben werde ich die Rigoletto-Musik hören, ohne an diesen glanzvollen und doch so traurigen Abend zu denken.

Und dann kam der wirkliche Abschied am Mittwoch 11 Uhr 30 in Victoria-Station. Tante Ellen fuhr mit mir und dem Gepäck rechtzeitig weg, aber durch eine Straßensperre mußten wir einen großen Umweg fahren und kamen spät am Bahnhof an. Onkel Christian und Percy standen da und warteten. Onkel Christian und Tante Ellen gingen sofort für die Expedition der Koffer in den Gepäckraum, und wir sollten mit dem Träger und dem Handgepäck auf den Perron vorangehen und Plätze im Zug belegen. Percy belegte zwei Fensterplätze, packte mit dem Träger das Handgepäck hinein und bezahlte ihn, so daß wir allein draußen standen. Er kam zu mir, und vor all den vielen, vielen Menschen gab er mir einen langen Kuß auf den Mund und sagte: «Good bye, Daisy, 'tis all over now.»

Darauf kamen Bercks, und es war schon hohe Zeit. Wir stiegen gleich ein, Tante Ellen sprach noch aus dem Fenster, dann fuhr der Zug ab. Ich sah noch hinaus, aber es war zu spät, Onkel Christian hatte seinen Arm um Percys Schultern gelegt und nahm ihn mit sich weg. Tante Ellen sagte: «Der arme Junge! – Onkel Christian wird ihn jetzt mit zum Lunch nehmen.» Dann installierten wir uns in unseren Ecken, und plötzlich merkte ich, daß mir ganz furchtbar schlecht wurde. Ich sagte es Tante Ellen. Sie gab mir ihr Reisekissen hinter den Kopf und wischte mit Eau de Cologne meine Stirn. Mein letzter Gedanke war: «Wenn sie nur nicht seinen Kuß von meinem Munde wischt.» Als ich aufwachte, sah ich Tante Ellens besorgtes Gesicht vor mir, und ich sagte: «Es ist nicht schlimm.» «Na», sagte sie, «das wollen wir nun nicht sagen, du warst gute zehn Minuten weg.» Ich bekam Cognac, und es wurde langsam besser. Wir fuhren Queensborough-Vlissingen, und der Weg zum Schiff auf dem Pier wurde mir sehr schwer, obwohl ich nichts trug. Auf dem Schiff hatten wir eine sehr schöne Kabine, die Onkel Christian vorher bestellt hatte, mit je einem Bett in einer Ecke. Ich ging sofort zu Bett, und Tante Ellen ging zum Essen. Sie schickte mir Tee und Toast, weil ich sonst nichts essen mochte. Nachher setzte sie sich an mein Bett, nahm meine Hand und sagte: «Margalein, wir machen uns große Sorge um dich, willst du es mir denn nicht anvertrauen, ist es denn Dr. Retberg oder ist es Percy?» Ich sagte: «Es sind beide.» Da sagte sie sofort: «Percy ist ja viel zu jung für dich, was würde das für einen furchtbaren Krach mit deinem Vater geben, das möchte ich mir gar nicht ausmalen, und er würde es *nie erlauben*, denn Percy kann dir doch noch gar keine Existenz bieten, und es würde eine Ewigkeit dauern, bis es soweit wäre.» Ich: «Deshalb geschieht es ja auch nicht und bleibt alles, wie es ist – ich bin so furchtbaren Kämpfen gar nicht gewachsen.» Tante Ellen: «Außerdem hast du ja selbst deine Verlobung mit Dr. Retberg gewollt.» «Ja», sagte ich, «es war die Schwäche einer Minute, aber versprich mir fest, daß du meinen Eltern nichts von Percy sagst.» Sie antwortete: «Ich verspreche es dir fest» und blieb lange bei mir sitzen und streichelte mich. Und sie wird ihr Wort halten.

Und nun kann ich nicht mehr und bin in Kummer

und Liebe
Deine Matti

Bremen
29. Mai 1895

Liebe einzige Bertha!

Wenn es auch nur zwei so kurze Tage waren, die ich bei Euch sein konnte, so hat mir die Aussprache doch so gut getan, und ich danke Euch für alle Liebe und alles Verstehen. Es war auch gut, daß mich bei Euch die Nachricht von der früheren Veröffentlichung meiner Verlobung erreichte. Ich seh auch die Gründe ein, aus denen es geschehen muß, und etwas früher oder später ist ja gleichgültig. Am 2ten ist der Empfang und am 3ten die Brautgesellschaft in Lesmona, vor der ich so schreckliche Angst habe! Rudi kommt morgen abend. – Ich komme gar nicht mehr zum Nachdenken. Mein ganzer Trost ist Euer festes Versprechen, vom 9.–11. incl. hier bei mir zu sein. Die Einladungen von Rudis Vater etc. gehen morgen an Euch ab.

Bertha, bete für
Deine Matti

Bremen, den 3. Juni 95
abends spät

Meine liebe Einzige!

Es ist jetzt spät, aber ich muß Dir noch schreiben. Es war ja so furchtbar! Denke Dir, 24 Personen und mein Brautfest in Lesmona, wo ich seit einem Jahr nicht gewesen war!! Beim Nachtisch kam der süße kleine Tuli Berck als Amor mit goldenen Flügeln, sagte ein Gedicht und brachte ein Geschenk. Nach dem Essen ging ich oben mit Rudi zur Linde. Da sagte er auf dem Rückweg: «Erst habe ich mir überlegt, ob ich lieber mit dir oder mit Cata eine Hochzeitsreise machen möchte, aber du hast doch gesiegt.» Ich brauchte nicht zu antworten, denn Onkel Herbert rief Rudi zu den Ausgrabungen, die Dausch geschickt hatte. Ich stand da am Weg und hatte plötzlich eine richtige Vision: Vor mir stand Percy und sagte: «Just one girl in the world for me, there may be others, you know, but they're not my pearl.» Dann hatte ich nur den einen Gedanken, nach Nizza zu kommen. Die anderen waren nicht in der Nähe, und ich rannte den hinteren Weg außen herum nach

Nizza, – da brach ich vollständig zusammen und weinte herzbrechend. Ich schob die Bank ab, um den Stein zu suchen, hinter dem der Kasten mit dem Armband gestanden hatte. Der Stein war noch da, aber er war festgewachsen. Dann küßte ich die Platane in meiner schrecklichen Verlassenheit, an die er sich so oft angelehnt und die alles mit uns erlebt hatte, und ich dachte *ganz wirklich*, ob es nicht besser wäre, jetzt in die Lesum zu gehen. Ich nahm das Armband und hatte es noch in der Hand, als ich plötzlich laufende Schritte hörte. Zuerst war ich furchtbar erschrocken, aber es war nur Max Georgi, der hereingesaust kam, er sagte: «Ich habe dich weglaufen sehen und wußte, daß du hierher gingst. Aber Marga, du mußt doch jetzt nicht weinen, nimm dich doch zusammen, bitte beruhige dich doch und denke doch, wie schrecklich es ist, wenn uns jetzt jemand hier sieht. Percy ist doch wirklich zu jung für dich, es wäre ein Elend ohne Ende geworden. Du kannst dich jetzt hier nicht verstecken, und denke doch mal, wenn Rudi dich jetzt sucht und dich ruft.» Ich: «Er sucht mich nicht, es merkt überhaupt keiner, daß ich weg bin.» Max sagte, er führe in vier Wochen nach London, und er wollte es Percy alles erzählen. «Ja», sagte ich schluchzend, «grüße ihn von mir, und ich trüge immer sein Armband.» «So», sagte Max, «jetzt will ich sehen, wo die anderen sind, und du wartest hier rechts auf dem Weg, bis ich wiederkomme.» Er kam bald zurück und sagte, sie gingen alle ins Vorland. So warteten wir, bis sie den breiten Weg hinunter waren, und gingen dann ein großes Stück hinterher. Unten an der Lesum packte es mich wieder – da lag das liebe Boot, und die tausend Erinnerungen stiegen wieder auf. Max sagte, um mich abzulenken, daß das Badehaus dort wegkäme, und statt dessen sollte am Ufer ein Teehaus gebaut werden. Onkel Herbert wollte später eine Motoryacht kaufen, und es sollte alles anders werden. Max war wie ein guter Bruder. So kamen wir schließlich – viel später als die anderen – oben an, aber auf halbem Weg kam Onkel Herbert uns entgegen. Er war der einzige, der unsere Abwesenheit bemerkt hatte. Er sagte und nahm mein Gesicht in die Hand: «Marga, ich dachte es mir wohl – aber nun nimm dich zusammen, dieses ist doch das Richtige so, das wirst du später einsehen.» Er hatte aber selbst Tränen in den Augen, als er sagte: «So, mein süßes Kind, nun weine nicht mehr.»

Oben war die ganze Familie, und niemand sah meine roten Augen, und niemand hatte bemerkt, daß ich so lange Zeit verschwunden war.

Mitte Juni reist Rudi ab nach Dresden, und ich möchte dann schnell noch zu Euch, ehe ich nach Schwalbach fahre.

In großer Liebe
Eure Matti

Hannover, 6. Juni

Meine arme liebe Matti!

Dein gestriger Brief hat John und mich schwer erschüttert. Nun laß Dir folgendes sagen: *Du darfst* jetzt nicht wieder nach Lesmona, das mußt Du mir fest versprechen. Die Erinnerungen dort würden ja auch eine stärkere Natur als Deine umwerfen. – Ich glaube fest, daß Du Dich inzwischen oben bei Linsche schon etwas beruhigt hast – sie ist doch mehr für Dich als Kamillentee. Dann überlege, *wann* Du zu uns kommen kannst. Dein Zimmer ist fertig. Du kannst jeden Tag und jede Stunde kommen. Auch an den Waschtagen geht es immer, weil wir jetzt dann immer zum Essen in das kleine Restaurant gehen, das Du so liebtest. Also Du weißt, daß John und ich in Sehnsucht auf Dich warten. Aber nun kommt die Hauptsache! Weißt Du noch, wie wir beide vor etwa zwei Jahren eines Abends von Quentells nach Hause kamen, als der Mond so zauberhaft hinter der Mühle stand und wir beide ganz berauscht stehenblieben? Da sagtest Du: «Ich glaube, wir sind Glückskinder, was haben wir für eine himmlische Kindheit gehabt, und ich glaube fest, daß das immer so weitergeht.» Ich erschrak damals, ohne zu wissen, warum. Aber siehst Du, in Deinem Glauben an ein ständiges Glück lag der Rechenfehler. Wir sind nämlich nicht in die Welt gesetzt, um glücklich zu sein – das ist nicht der Sinn des Lebens. Die Leiden, die uns geschickt werden, sollen uns näher zu Gott führen, wir sollen unser Kreuz tragen, und wenn wir zu dieser und anderer Erkenntnis gekommen sind, werden wir für andere eine Kraft und Hilfe werden.

Du redest immer von Deiner Schuld. John und ich sehen keine Schuld bei Dir. Die Liebe, die Gott Dir durch Percy schickte, war ein Gnadengeschenk, und sie wird gewiß in diesem Maße wenigen gegeben. Es war ein so großes Glück, daß es gar nicht länger dauern konnte. Daß Du Rudi Dein «Ja» gabst, war auch nicht nur die «Macht der Stunde», wie Du es immer nennst, und nicht nur «Schwäche» von Dir, sondern Du mußtest es aus Deinem innersten Wesen heraus – schicksalhaft – sagen. Wenn Du ihn wirklich gar nicht liebtest, hättest Du längst mit ihm gebrochen. Daß Du das nicht tatest, ist gar nicht nur Angst vor Deinem Vater, es ist eine schicksalhafte Macht! – Ich bin überzeugt, daß Du an Rudis Seite viel leiden wirst. Wir haben beobachtet, daß er gar nicht weiß, wie Du bist. Aber vielleicht wird er eines Tages erkennen, wenn Du mit Gottes Hilfe das Leben mit ihm tapfer trägst und versuchst, ihn auf andere Wege zu führen. Wenn das nicht der Fall sein sollte, so hast Du das Deine getan und mußt es Gott überlassen, Dir einen Weg zu zeigen, der Dich aus dieser Dunkelheit herausführt. Glückliche Menschen werden auf die Dauer hart, kalt und egoistisch. Du kannst ein Segen werden für viele. Du schreibst mir immer, was Du mir alles verdanktest und was ich für Dich gewesen wäre. In Wirklichkeit warst Du mir aber doch noch viel mehr. Du hast doch keinen Apfel gegessen, ohne mir nicht die Hälfte abzugeben! Alles Schöne hatte ich durch Dich! Was hätte ich in Darneelen gemacht ohne Deine Briefe und ohne Deine rührenden wöchentlichen Pakete! Wie wäre meine Kindheit in dem guten alten Philisterhaus trostlos gewesen!! John sagt, er kennte niemand, der solche Wärme ausströmte wie Du, und ich sage, ich kenne niemand, der sich so für andere aufopfern kann wie Du! Glaube nicht, Matti, daß ich nicht auch kämpfe. Ich liebe John, und ich will alles tragen, was durch ihn mir auferlegt wird.

Nun erstmal auf Wiedersehen in 3 Tagen!

In inniger Liebe
Deine Bertha

Bremen, den 12. Juni 95

Meine liebe liebste Bertha!

Erst gestern haben wir uns getrennt, und schon wieder sitze ich und schreibe. Nachdem ich Euch am Bahnhof Adieu gesagt hatte und der Zug wegfuhr, hatte ich wieder dieses schreckliche Gefühl der Verlassenheit. Ich ging zu Rena, um Rudi dort für einige Besuche abzuholen. Dann gingen wir zuerst zu Frau Quentell. Auf der Contrescarpe sagte er: «Dein weißes Kostüm ist so provozierend ‹Braut›.» Er sah mich so mißbilligend an, daß sich alles in mir sträubte. Ich sagte, es sei ein Kostüm, das ich im Sommer immer an kühlen Tagen trüge, und es hätte mit «Braut» nichts zu tun, aber wenn er sich mit mir genierte, könnte ich ja nach Haus gehen. Wir sollten heute bei seinem Vater essen, ich hatte aber solche Wut in mir, daß ich sagte, er möge mich bei seinem Vater entschuldigen, ich hätte Kopfschmerzen. Er ging also weiter und ich zurück nach Haus. Den erstaunten Eltern sagte ich, ich hätte Kopfweh. Wir hatten nachmittags zusammen einen stillen Spaziergang machen wollen, d. h. ich hatte das vorgeschlagen, er kam aber so spät zu uns, daß es sich nicht mehr lohnte! Abends waren wir dann, Gottseidank, noch nett und friedlich beieinander.

Ich danke Euch innigst, daß Ihr die drei Tage bei mir wart und mir von Eurer Kraft abgegeben habt. Es schien mir in Eurer Nähe alles leichter zu tragen.

In dankbarer Liebe
Eure Matti

Bremen, den 19. Juni 95

Mein lieber Engel!
Rudi ist nun weg, und eben kam Dein erschütternder Brief. Ja, es ist ein Gnadengeschenk, daß ich Dich habe.

Mama ist es recht, wenn ich am 22. zu Euch fahre, ich soll dann am 30. nach Schwalbach. Weißt Du, daß ich dann innerhalb von 4 Wochen zweimal bei Euch in Hannover war?

Auf Wiedersehen!
Deine Matti

Langen Schwalbach, den 4. Juli 95
Villa Eugenie

Meine liebe Einzige –
Daß ich so lange bei Euch sein durfte, war doch zu schön, und ich habe jetzt wirklich mehr Ruhe und Kraft. Ich danke Euch innigst für alle Liebe!!! Wir gehören so unbedingt zusammen und verstehen uns mit einem halben Wort! Meinem Versprechen gemäß bin ich nun – soweit ich kann – lieb und gebe mir Mühe, mich zu erholen. Ich habe es auch nötig, denn 12 Pfd. abnehmen, ist ja ganz viel. Der hiesige Arzt fragte, ob ich seelische Aufregungen gehabt hätte, da sagte ich: «Nein, keinerlei.» Ich werde doch so einem fremden Affen keine Confidenzen machen. Nun muß ich hier baden und Stahl trinken. Gretchen Schröber ist ganz furchtbar nett und genau das Richtige für mich. Sie war 15 Jahre bei meinen Großeltern Struve als Gesellschafterin in Dresden und erzählt mir so viel von ihnen. Wir gehen viel spazieren, und ich gebe mir alle Mühe, nicht zurückzudenken. Aber ich habe doch eine Wunde im Herzen, und daran ist wohl nichts zu ändern.

Daß ich später in Dresden Gretchen Schröber vorfinden werde, ist ein ganz großer Trost. Sie lebt mit ihren Geschwistern zusammen. Die Leute hier in der Pension sind meistens Rheinländer, aber wir leben ganz für uns!

Mit Rudis Briefen ist es immer dasselbe, er kann wohl nicht mehr Gefühl aufbringen. Für mich war es schlimm und schön, daß ich kurz vorher Percys große und heiße Liebe gehabt habe. Ich höre natürlich nichts von ihm.

Nun lebt wohl und seid geküßt

von Eurer dankbaren
Matti

Langen Schwalbach, den 14. Juli

Meine liebe, liebe Bertha!
Wir leben hier wirklich wie Einsiedler. Ich darf auch kein Tennis
spielen. Wir haben einen netten Balkon vor meinem Zimmer, und
darauf liege ich viel und sehe ins Grüne. Aber denke Dir, ich werde
aufgeregt, wenn Gretel nicht bei mir ist. Dann kommen sofort die
Gedanken – – –
Auch nachts muß die Tür zu ihr auf sein. Nun wollt Ihr also nach
Darneelen und nachher noch etwas reisen. Das wird Euch guttun.
Wir waren gestern in Schlangenbad, was ich aber nicht mochte! Ich
schreibe Dir von hier seltener, mein Engel, weil ich nichts zu schrei-
ben habe! *Deine* Briefe sind meine ganze Freude!
In großer Liebe
Deine Matti

Langen Schwalbach, den 21. Juli 95
Sonntag
Meine liebe einzige Bertha!
Für Deine zwei letzten Briefe und das Paket mit Büchern und
Choco tausend Dank!! Ich genieße beides sehr und habe «Die
Ahnen» schon angefangen. Gretchen sagt oft, ich wäre «apathisch».
Das Wort habe ich erst von ihr gelernt, aber es stimmt, mir ist so
ziemlich alles einerlei. Anna Quentell und Elschen schreiben Dir ja
selbst, deshalb brauche ich Dir aus ihren Briefen nichts zu erzählen.
Was für ein Glück, daß ich niemandem etwas von Percy erzählt
habe. Das Armband trage ich immer. Rudi hat in Bremen nie da-
nach gefragt.
Ich kann mir denken, daß Dein John sich in Darneelen langweilt! Geht doch lieber früher dort weg, sonst kriegt er schlechte
Laune. Grüße ihn innigst.
Für Dich viele Küsse
von Deiner Matti

Langen Schwalbach, den 24. Juli 95
Liebe Liebste!
Nur in Eile, daß mir jetzt von den Eltern die Pläne mitgeteilt
worden sind. Am 28., Sonntag, Abreise nach Frankfurt, wo ich die
Eltern treffe. Gretchen fährt dann nach Dresden zurück und ich
am selben Tag mit den Eltern nach München. Am 31. Ankunft in
Kreuth, wo wir fünf Wochen bleiben. Wir wollen dann Anfang
September Dich und John in Hannover besuchen, weil die Eltern
Deine Wohnung sehen wollen! Das ist für mich ein Lichtpunkt. In
Kreuth wird Rudi Anfang August erwartet – Papa hat ihn für 2–3

Wochen eingeladen. Im Oktober soll ich mit Mama in Dresden die Etage aussuchen, denn wir wollen im März 96 heiraten.

Bete für mich!
Deine Matti

Liebe liebste Bertha!
Vorgestern sind wir hier angekommen. Es ist zu schön, immer dieselben lieben Freunde wiederzutreffen! Ich bin hier in den zwei Tagen schon aufgelebt. Denke Dir, in Schwalbach wurde ich ganz melancholisch und dachte *nur noch an Percy*. Hier wird es besser sein, Tina und Elsa v. L. lassen mich nicht zum Nachdenken kommen. Die Erinnerungen an Egon berühren mich sehr wenig, nur die Bank in der Langenau am Wasserfall hat mich sehr gerührt.

Nun kommt Rudi etwa am 7. August. Die Eltern sind furchtbar gut zu mir – sie ahnen vielleicht doch, daß ich nicht gerade eine strahlend glückliche Braut bin, aber sie wissen nichts von Percy!

Grüße John und schreibe mir bald!

In Liebe
Deine Matti

Kreuth, den 5. August 95

Lieber liebster Engel!
Dein heutiger Brief hat mich ganz umgestülpt. Mit Tränen der Rührung und der Freude las ich, daß Du ein Kind erwartest. Am liebsten wäre ich sofort zu Dir gefahren, um Dich zu umarmen. Daß Du morgens so übel bist, ist wohl unangenehm, aber Mama sagt, das hätten fast alle erwartenden Frauen. Nun schone Dich bitte und übe nicht zu viel Klavier!! Du hattest im Juni schon Rückenschmerzen davon. Wie gut ist es, daß ich Dich in vier Wochen sehen kann.

Rudi kam gestern an. Ich schreibe bald mehr. Mama freut sich auch innigst mit Dir und mir über Dein Baby. Und küsse John von mir!

In großer Freude denkt an Dich
Deine Matti

Bad Kreuth, den 12. August 95

Liebste einzige Bertha!
Wie rührend ist es von Dir, daß Du trotz Deines eigenen großen Erlebens noch Zeit hast, an mich zu denken, und alles genau von

mir wissen willst. Rudis Macht über mich ist dieselbe, ich tue alles, was er will, aber ich bin *nie* glücklich. Hier ist seit Jahren ein Ehepaar R., es sind Juden, aus Berlin mit einer aparten Tochter Lotte. Es sind *sehr* kultivierte Leute, und für die bezaubernde Mutter habe ich von jeher geschwärmt. Die Lotte ist ein großes Weishuhn und sehr eingebildet auf ihre Intelligenz. Sie leben etwas abseits, aber Rudi hatte durch den Maler Liebermann Beziehungen zu ihnen. Er redet nun viel mit der Tochter, und ich merke jedesmal, daß er mich nachher kühl behandelt, wenn er mit ihr zusammen war. Was soll ich von alledem erzählen, was mich täglich kränkt und erbittert!! Es wird ein seichter Quatsch daraus, und ich habe ja dieses dem fünfjährigen Warten auf Percy vorgezogen! Aber eins *muß* ich Dir erzählen, denn das ist etwas wirklich Unheimliches. Hier war von Anfang an ein junger Leutnant von Putlitz, der gleich mit Lindequists und uns verkehrte. Er ist das Gegenteil von meinem Typ, aber furchtbar nett und rasend komisch. Zum Beispiel kam er an einem Nachmittag, als Rudi noch nicht da war und wir wegen Regen in der Wandelhalle Tee tranken, nicht wie sonst an unseren Tisch, sondern saß für sich allein und hatte einen großen Regenschirm so aufgespannt, daß wir ihn nicht sehen konnten. Wir platzten vor Neugier, was er da wohl drunter machte. Schließlich schickten wir Ollo L. hin, daß er mal nachsehen sollte. Er kam zurück und sagte, wenn wir es sehen wollten, sollten wir nur kommen. Da saß er und stopfte Unterhosen, daneben lagen noch Strümpfe. Er sah *rasend* komisch aus. Zu mir war er sehr ritterlich und reizend. Nun kam Rudi an. Von diesem Moment an war zwischen ihm und Rudi ein gerakte Spannung. Ich sagte zu Rudi, daß er *nur* ritterlich zu mir gewesen sei. Aber es nützte nichts. Rudi bringt natürlich keine Eifersucht für mich auf, *das* ist ausgeschlossen, aber vielleicht ärgert es ihn ebenso wie den großen Bernhardiner, der den Knochen selbst gar nicht fressen will, aber auch nicht will, daß der Schäferhund damit spielt. Also nun sollten wir alle von Rudi fotografiert werden. Rudi baute uns auf: 11 Personen. Ich sollte hinten in der Mitte neben Elsa Lindequist stehen. Während Rudi unter dem schwarzen Tuch und beim Einstellen war, lachten und flüsterten Elsa und Putlitz die ganze Zeit. Ich ahnte nicht, weshalb. Als Rudi nun die Platte einschiebt, steht plötzlich Putlitz neben mir. Er hatte mit Elsa gewechselt. Rudi merkte es gar nicht und machte dann die Aufnahme. Am anderen Tag ist das Bild entwickelt, und da sieht er, daß nicht nur Putlitz neben mir steht, sondern daß er mich auch ansieht. Rudi war *wütend*. Ich sagte, es sei doch ein Witz, eine Albernheit, und er *könnte* sich doch nicht darüber ärgern. Plötzlich nimmt er meinen Arm und kneift mich. Es sah sehr bald blau aus. Als ich es

Rudi am anderen Tag zeigte, tat es ihm sehr leid, und er sagte, er hätte eingesehen, daß ich gar nichts mit der Sache zu tun gehabt hätte. Ich sehe so viele gute und auch edle Züge an Rudi, z. B. wie er zu armen Leuten ist und wie rührend er von seiner verstorbenen Mutter spricht. Ich fühle jeden Tag mehr, daß ich ihn lieben könnte. Es ist nur der eine Punkt: ich vermisse seine Wärme und Liebe.

Hoffentlich geht es Dir und Baby weiter gut.

In inniger Liebe
Deine Matti

Kreuth, 19. August 95

Meine liebe Einzige!
Wie froh bin ich, daß es Dir gut geht!! Und nun willst Du weiter alles wissen.

Mit Rudi und Putlitz ist es oft schrecklich peinlich, und zwar fühlt Rudi sich von Putlitz beobachtet. *Das* ist die ganze Sache! Putlitz legt ihn oft herein. Heute sagte er beim Tee, als von Perlen die Rede war und deren heutigem Wert: «Ja, es gibt auch Menschen, die fischen sich eine Perle und ahnen gar nicht, wie wertvoll sie ist – das sind die *blinden* Menschen!» Jeder ahnte, an wen er dachte. Er sagt diese Dinge so im allgemeinen, daß Rudi nie eine direkte Antwort geben kann.

Wir leben unser Kreuther Leben, und es ist wenig zu erzählen. Ich gehe gehorsam seine Wege mit und bin unter seinem Willen. Von hier aus fährt er nun das zweite Mal in diesem Jahr nach Italien. Er will am 22. hier weg. Ob er sich hier glücklich fühlte – unter den Augen der Eltern –, weiß ich nicht. Jedenfalls bin ich nicht glücklich, aber ich bin ganz in seiner Macht, und Du sagst ja, daß diese Macht auch Liebe ist.

In inniger Liebe
Deine Matti

Bad Kreuth, den 25. August

Meine liebe Einzige!
Nun rückt unser Wiedersehen in Hannover schon näher!! Wir denken, ungefähr am 5. September in Hannover zu sein. – Gestern waren wir in Tegernsee, und ich kaufte für Baby ein süßes weißes Wolljäckchen und schickte es Dir gleich von dort aus. Es muß doch ein wunderbares Gefühl sein, so ein kleines Lebewesen bei sich zu tragen. Sicher bekommt es Deine braunen Augen. Wir wollen wieder, wenn ich bei Euch bin, nach Herrenhausen fahren und in die Eilenriede und da spazierengehen. Das mochten wir alle drei doch

so gern! Ich bin dann zum dritten Mal in diesem Jahr bei Euch. – Also Rudi ist nun weg. Ich brachte ihn mit dem «St. Johannser» (das ist der alte Kutscher seit 10 Jahren) nach Tegernsee. Als der Zug weg war, überkam mich ein so sonderbares Ahnungsgefühl, und ich dachte: «Wo wird er nun hingehen???» Aber dann fuhr ich froh und erleichtert nach Kreuth zurück. – Heute schreibt Karl Br., daß er und Max Georgi unsere Nachtmusik in die Hand nehmen werden, es sind schon 42 Unterschriften, und ob es uns recht wäre, wenn sie Ende Oktober in unserem Hause stattfinden würde. Ich dachte: «Das auch noch», aber natürlich habe ich sofort hocherfreut gedankt, und wir haben sie für Sonnabend, den 26. Oktober, festgesetzt.

Glaubst Du, daß Ihr dafür noch kommen könnt?? Er wäre zu schön.

In großer Liebe
Deine Matti

Kreuth, den 1. September 95

Meine liebe Einzige!

Gestern hatte ich doch ein Erlebnis, das mich aufwühlte und von dem ich Dir schreiben muß. Ich hatte nachmittags geschrieben und war nicht mit den anderen spazierengegangen. Nachher setzte ich mich, wie fast täglich, um $6^{1}/_{2}$ auf die Bank vor der Kapelle, wo ich Tina immer treffe. Es ist seit langen Jahren unser Rendezvousplatz, und wir fangen dort die letzten Sonnenstrahlen auf. Tina kam nicht, und statt dessen kam Putlitz. Er fragte sehr höflich, ob er sich zu mir setzen dürfe. Ich erklärte ihm das mit den letzten Sonnenstrahlen und daß Tina und ich schon als Kinder immer hierhergelaufen wären. Dann sagte ich: «Herr von Putlitz, wollen Sie mir mal einen sehr großen Gefallen tun?» Er: «Von vornherein jeden.» Ich: «Dann sagen Sie mir mal ganz offen, was Sie eigentlich gegen meinen Verlobten hatten?» Er: «Also, Sie haben mich gefragt, und nicht ich habe davon angefangen!! Als ich Sie hier zuerst kennenlernte, wußte ich nicht gleich, daß Sie verlobt waren, und sah Sie sozusagen in normalem Zustand. Als Dr. Retberg kam, waren Sie sofort ganz verändert, und zwar übt er einen Druck auf Sie aus, Sie sind von ihm hypnotisiert. Meine Antipathie gegen ihn fand ihre Begründung in der Erkenntnis, daß er Sie überhaupt gar nicht erfaßt hat, und daß er absolut nicht zu Ihnen paßt. Sie sind ja wie Feuer und Wasser, und zwar sind Sie das Feuer und er ist das Eiswasser. Wenn Sie voller Grazie eine witzige Geschichte erzählen, hört er überhaupt nicht zu, und wenn *er* von seiner Kunstgeschichte redet, kriegen Sie einen ganz angegriffenen, gespannten Ausdruck. Er paßt viel besser zu Lotte R., das habe ich nämlich beim ersten Frühstück beobachtet, wo er ja immer ohne Sie unten war. Seit er weg ist, sind Sie wieder normal. Und denken Sie mal, daß wir heute nachmittag bei der ‹Mâri an den Sieben Hütten› darüber geredet haben. Sie sagte: ‹Die Marga ist mit dem Mann nicht glücklich, und als er da war, war es so, als wenn sie eine Last auf den Schultern trüge.› Das sagte die brave, kluge, einfache Frau, die Sie liebt. Nun sagen Sie mal, können Sie denn nicht zurück?» Ich: «Nein, das ist eben die Hypnose, und ich *kann* nicht dagegen an, abgesehen davon, daß mein Vater entsetzlich böse sein würde, denn ich habe mich erst gegen den Willen meiner Eltern mit ihm verlobt.» «Sehen Sie», sagte Putlitz, «ich bin Ihnen ganz fremd, aber es jammert mich, Sie so in Ihr Unglück rennen zu sehen.» Ich sagte: «In die Zukunft kann niemand sehen», und hätte gern noch mehr mit ihm gesprochen, aber da kam Tina zu uns. Er sagte nur noch: «So, nun sagen Sie bitte nicht an Fräulein Valckenberg, daß ich Ihnen taktlose Dinge gesagt habe – – – ich habe auf *Ihren* Wunsch meine Ansicht gesagt.»

Ich gab ihm rasch die Hand. Natürlich hat es mich sehr aufgeregt.

In großer Liebe
Deine Matti

Bremen, den 14. September 95

Meine liebe Einzige!

Nun sind die schönen Septembertage bei Euch wieder vorüber, und ich danke Euch innigst für alles Schöne! – Herrenhausen war doch wunderbar, dann das kleine Restaurant und das erste Frühstück mit Dir, das zwei Stunden dauerte. Du sahst auch so wohl aus, und sicher bekommt Dir das Baby gut. – Von hier kann ich Dir wenig melden. Prinz und Pieter sind gesund, und ich gehe jetzt viel mit ihnen aus. Zur Strafe, daß ich mich verlobt hatte, durfte ich ja nicht mehr reiten. Jetzt hat Papa es wieder erlaubt. Ich ritt also gestern wegen des herrlichen Wetters aus, und zwar mit einer ganzen Kavalkade nach Oberneuland und über den Kiebitzweg. Aber es machte mir keine Freude. Die Ritte mit Dir und nachher mit Percy sind mir noch zu nahe. Ich gebe das Reiten jetzt ganz auf. Mama und ich wollen vor der Nachtmusik – also Anfang Oktober – nach Dresden wegen der Etage.

In großer Liebe
Deine Matti

Bremen, den 14. Sept. 95

Mein lieber John!

Heute schreibe ich Dir aus zwei Anlässen, und zwar erstens, um Dir zu danken. Nicht nur für die schönen Tage, die ich zum dritten Mal in diesem Jahr bei Euch verlebte – viel mehr noch dafür, daß Du in unserem Bunde der Dritte geworden bist und teilnimmst an unserer Freundschaft, wie es sich harmonischer und schöner gar nicht denken läßt. Du hast so teilgenommen an meinem Unglück und mich so beraten, wie nur ein treuer Freund es tun kann.

Und nun sei nicht böse, wenn ich mit einer ganz großen Bitte komme, die Dich hoffentlich nicht kränkt. Du weißt, wie Bertha und ich zusammen aufgewachsen und wie wir durch eine seltene Schwesternliebe miteinander verbunden sind. Wenn wir als Kinder oder junge Mädchen für irgendwas bestraft werden sollten, trat sofort die eine für die andere ein, und die Worte: «Sie hat keine Schuld» waren in unseren beiden Häusern «geflügelte Worte» geworden. Nun erlebte ich dreimal, daß Du ungeduldig mit ihr warst, als sie Dein Violinspiel auf dem Klavier begleitete. Ja – Du hast auch mit dem Bogen auf ihre Schulter geklopft. Nun bedenke, daß sie jeden Morgen 2–3 Stunden übt, und zwar nur für Dich. Hinterher hat sie Rückenschmerzen, was sie Dir verheimlicht. Sie liebt Dich so sehr und würde alles für Dich tun. Wir haben in unserer Klavierstunde sehr wenig gelernt, was Bertha und ich jetzt beide beklagen. Was Bertha nachher nachgeholt hat in Hannover, ist einfach phantastisch. Ich hätte es nicht gekonnt. Nun begleitet sie Dich abends, und dann wirst Du ungeduldig, wenn sie es nicht kann. Bitte sei es nicht mehr, lieber John, ich weiß genau, daß Du sie liebst und daß Du sie glücklich machst, aber gerade deshalb darf ich Dir dies doch sagen. Sie hat es nie mit einem Wort erwähnt, und ich habe ihr auch nichts gesagt, weil es sie bedrückt haben würde. Nun verzeihe es mir und sei lieb beim Spielen zu ihr, so wie sie es verdient, dieser Engel an Güte und Liebe.

Es umarmt Dich
Deine Marga

PS.
Ich schicke diesen Brief zum Hannoverschen Courier, damit Bertha nichts merkt.

Liebe liebste Bertha!

Daß John Dir nun doch von meinem Brief an ihn etwas verraten hat, hat mich zuerst geärgert, aber es ist ja nun zu allseitiger Zufriedenheit und gut ausgelaufen, und Eure beiden Briefe waren so bezaubernd, daß ich mich schämte! – Nur möchte ich gern noch, daß Du weniger übst, denn ich sehe hinterher, wie es Dich angreift, obwohl Du das Gegenteil behauptest! –

Heute bestellte Mama die ersten Aussteuersachen mit mir bei Uhlenhoff und Rabe, und ich dachte zurück an das letzte Jahr, wo wir *Deine* Sachen bestellten!! In großer Liebe

Für heute lebewohl!! Deine Matti

Dresden, den 6. Oktober 95
Union Hotel

Meine liebe einzige Bertha!

Es war schön, Dich in Hannover an der Bahn zu sehen, wenn auch nur kurz – aber daß Du selbst Mama beredet hast, mich auf der Rückreise ein paar Tage in Hannover zu lassen, war doch wirklich das kurze Wiedersehen wert. Nur flehe ich Dich an, nicht wieder zur Bahn zu kommen bei meiner Ankunft, es greift Dich doch etwas an, und ich nehme einfach einen Einspänner und komme zu Euch.

Nun will ich Dir aus Dresden erzählen. Mama ist zum ersten Mal nach Großmama Struves Tod wieder in Dresden, und ich merke, daß es sie sehr bewegt. Wir waren heute früh auf dem Kirchhof und besahen dann nochmal das schöne, alte Struvesche Haus in der Wiener Straße. An der Bahn waren Rudi, Alexander Struve, Paul Stübel und Gretchen Schröber. Am ersten Tag mittags, als wir in den Table-d'hôte-Saal gingen, übersahen wir die lange Tafel, und Mama sagte zu mir, daß Rudi zwischen uns sitzen sollte. Ich weiß nicht, ob er es verstanden hatte. Jedenfalls strebte er voran und setzte sich sofort neben eine auffallende, interessant aussehende Frau, dann kam ich, dann Mama. Kaum saßen wir, als Rudi schon die dunkle Dame anredete. Er hatte sie aus der Oper wiedererkannt, und es war die italienische Ballettmeisterin. Er sprach sofort italienisch mit ihr. Ich würde *gar nichts* dabei gefunden haben, wenn er sich nur zwischendurch auch mal mit mir unterhalten hätte! Aber das geschah keineswegs. Mama war zum Schluß sehr böse, und ich beruhigte sie nach besten Kräften. Ich bin schon so gut angelernt, daß ich gar nichts von ihm erwarte, und dieses fand ich beinahe selbstverständlich, da er so gern italienisch spricht.

Am anderen Morgen kamen die Besichtigungen der Etagen. Es

kamen drei in Frage, und wir mieteten das Parterre der Liebigstraße 16. Das Haus hat zwei Stockwerke und liegt frei im Garten,
in dem wir eine Laube für uns haben. Es sind sechs Zimmer –
nebst Bad, Küche, Schrank- und Mädchenzimmer, alles groß
und hell. – Beim Aussuchen der Möbel kam Rudi sich mit Mama
in die Haare. Er wollte keine Übergardinen, sondern nur helle
seidene. Ich schlug vor, er sollte das doch in seinem Arbeitszimmer so machen, was er ja selbst einrichtet, und so wird es nun
werden.

Wir machten Besuche bei Rudis drei Vorgesetzten: Geheimrat
Woermann, Lehrs und von Seidlitz. Frau Woermann liebe ich
jetzt schon, sie wohnt ganz in unserer Nähe. – Dann besuchten wir
Mamas Vetter General von Hübel und Frau, und wir waren dann
noch zum Tee bei ihnen. Die Unterhaltung mit der Italienerin geht
weiter, und Mama kocht bereits! Er ist eben nicht die Spur in mich
verliebt und auch nicht ritterlich. Mama macht oft bittere Bemer-
kungen. Sie sagte: «Ich habe ihn mir doch anders vorgestellt.»
Meine Gefühle sind schwankend.

Die Stadt Dresden liebe ich seit langen Jahren, die ich wochen-
lang bei den Großeltern Struve hier wohnte, und es ist ein heimat-
liches Gefühl, daß ich gerade *hierher* komme.

Und nun auf Wiedersehen am nächsten Dienstag bei Euch in
Hannover. Darauf freut sich ganz furchtbar

Deine Matti

Bremen, den 28. Oktober 95
Nach der Nachtmusik

Meine liebe Einzige!
Nun ist auch die Nachtmusik vorüber, und es war schade, daß Ihr
nicht kommen konntet. Da Du aber doch nicht getanzt hättest,
würde es vielleicht langweilig für Dich gewesen sein. Am Tag vorher brachte Max Georgi die Liste: es sind 80 Personen – er kam
nachmittags nach Tisch zu mir herauf. Ich sagte, wenn er noch
einen Funken von Bruderliebe für mich hätte, sollte er am Abend
der Nachtmusik oft bei mir sein. Ich fühlte es so, als wäre er ein
Stück von Percy, und da er alles wüßte, wäre er doch mein Verbünde-
ter. Dann fragte ich ihn, wie er Percy gefunden hätte, als er in
London war. «Ach», sagte er, «das ist ziemlich schlimm, er ist ganz
kaputt!» Er erzählte dann Einzelheiten, die mich ganz umwarfen,
und meine Beherrschung war bald am Ende. Max fragte, ob ich
ihn denn immer noch liebte. Diese Frage habt Ihr in Eurem Takt
nie mehr an mich gestellt. Jetzt brach es aber bei mir los, und ich
sagte, daß ich Tag und Nacht an ihn dächte. Max sagte dann, ich

müßte den Mut und die Haltung aufbringen, mein Schicksal auf mich zu nehmen. Das will ich auch und habe bereits danach gelebt!! – Am Abend der Nachtmusik hatte ich zwei Visionen. Als die Gäste in den Pausen wieder auf der Treppe saßen, die nach oben führt, sah ich *Dich* und *mich* plötzlich im Geiste auf der obersten Stufe sitzen – wie im März 93 – bei unserem großen Ball. Wir hatten keinen Herrn bei uns und dachten damals an Deinen B. und an meinen Martin, die in See waren. Da sagtest Du: «Wir sind die Marine-Bräute, deshalb haben wir keinen Zug zum Zivil», und darauf erwiderte ich etwas sehr Komisches und sehr Ungezogenes, worüber wir uns vor Lachen ausschütteten. Weißt Du es noch?? Ach – was war es für eine himmlische Sorglosigkeit!! – Die zweite Vision war: Percy am 24. Januar hier auf dem Vorplatz vor der Treppe, als er mich fragte, wann er mich sehen könnte!!!

Der Abend war im übrigen furchtbar vergnügt, und alle amüsierten sich glänzend. Ich tanzte natürlich den ganzen Abend, und immer, wenn Max Georgi kam, sagte ich: «Ich denke jetzt mit Dir an Percy.» Die große Rede hielt Rudis Jugendfreund, Dr. Ludolf Brauer, der gerade in Bremen war – er sprach sehr witzig. Bei der Damenwahl holte ich Onkel Herbert. Ich fühle es immer so, daß ich ihm viel zu verdanken habe. Erst die Wochen in Lesmona, die doch das Schönste in meinem Leben bleiben werden, und dann seine Diskretion. Er hat doch den Eltern *nichts* gesagt. Außerdem aber tanzt er ganz wunderbar!! Er freute sich furchtbar, als ich ihn holte, und noch mehr, als die Herren den Saal absperrten und uns unter Riesenapplaus allein tanzen ließen! – Das Buffet war in dem großen Durchgangsraum im Korridor aufgestellt, dahinter ein Vorhang gezogen. Koch Müller hatte ein wahres Wunder von Herrlichkeiten geliefert, und der Sekt strömte.

Nun ist auch dieser Abend schon *vorbei*. Ich laufe jetzt in die Kunstgeschichtsstunde, wo *Du* im letzten Jahr noch mit mir hingingst!

Nun leb wohl und sei innigst geküßt
von Deiner Matti

Bremen, den 5. November 95

Liebe Liebste!

Gestern, an meinem Geburtstag, morgens um 9 Uhr, kam die von Oberstleutnant v. W. angesagte und von den Offizieren der 75er gesandte Militärmusik mit Glückwünschen zu meiner Verlobung und zu meinem Geburtstag. Ich lege Dir das Programm bei. Es war sehr schön und feierlich. Sie standen auf der Contrescarpe direkt vor unserem Hause.

Und nun danke ich Euch wieder für alles Schöne! Die Handtasche ist ja viel zu schön für mich!! Das M. R. darauf hat mich etwas erschreckt, aber Du wolltest gewiß, daß ich mich daran gewöhnen sollte. Und dann das lederne Reisekissen und die Rosenseife!! Ihr Engel, ich küsse Euch für alles. Im übrigen verlief der Tag wie früher mit den vielen Besuchen etc. Am Nachmittag waren Anna und Elschen bei mir, und abends ging ich mit Onkel Herbert ins Theater. Was soll ich sonst sagen? Weshalb soll ich Dich traurig machen?? – – –

In großer Liebe
Deine Matti

Ständchen am 4. November 1895 von der Regimentsmusik des
1. Hanseatischen Infanterie-Regiments Nr. 75

Programm

1. Hochzeitsmarsch aus «Ein Sommernachtstraum»	*Mendelssohn*
2. Erinnerung an Richard Wagners «Tannhäuser»	*Hamm*
3. Frühlingslied	*Gounod*
4. España-Walzer	*Waldteufel*
5. Intermezzo aus «Cavalleria Rusticana» . . .	*Mascagni*
6. «La Czarine», russische Mazurka	*Ganne*
7. Introduction und Chor aus «Carmen» . . .	*Bizet*
8. La Paloma, mexikanisches Lied	*Yradier*
9. Radetzky-Marsch	*Strauß*

Bremen, 10. November 95

Liebste Bertha!

Heute kam Deine Postkarte mit der frohen Nachricht, daß Ihr in 14 Tagen für Rudis Vortrag hierherkommen wollt! Das ist wirklich schön! Vor allem auch, daß Ihr 2 Tage hierbleibt. Dann spiele ich Euch auch die 3 Stücke vor von Chopin und Rubinstein, und John wird dann feststellen, daß ich besser geübt habe. Aber ich lerne eben nur die Stücke, die ich liebe. Die mich langweilen, *kann* ich nicht lernen. Das ist ein großes Manko. Wie anders bist Du! Wieviel mußt Du jetzt für John üben, um ihn zu begleiten, wie schwierig und anstrengend ist es für Dich! Aber Du bringst die Geduld auf, den Willen und den Fleiß.

Von jeher habe ich gefühlt, wie hoch Du über mir stehst! Also am ersten Nachmittag kommt Ihr beide zu mir zum Tee! Rudi kommt erst am Abend an, und ich werde zum Abendessen zu seinem Vater gehen.

Auf baldiges Wiedersehen! Wie schön ist es, das sagen zu können! –

Deine Matti

Brief von Bertha Deneken
an Marga Berck

Hannover, 26. November 95

Meine liebe, liebe Matti!

Es war sehr schade, daß wir Dich nach Dr. Retbergs Vortrag nicht mehr allein sprechen konnten und daß wir am andern Morgen so früh abreisen mußten. Der Vortrag war wirklich wunderbar! Rudi hat eine so schöne, klare Sprache. John fand den Vortrag geistreich und doch für alle verständlich. Ich sah auch Deinen Augen an, daß Du Rudi bewundertest und stolz auf ihn warst, wenn ich das so ausdrücken darf. Und siehst Du, da liegt der Kern des Konfliktes in Dir. Du bewunderst Rudi, sein sicheres Auftreten, seine weltmännischen Manieren und seinen Geist! – Er ist zehn Jahre älter als Du, hat viel von der Welt gesehen, spricht 4 Sprachen und hat ein großes Wissen. Du fühltest Dich schon sehr stark zu ihm hingezogen, *ehe* Du Percy kanntest, und alles wurde wieder wach, als Du Rudi überraschend im Sommer 94 wiedersahest. Nun quält und kränkt Dich sein kühles Wesen, aber Du hoffst doch heimlich noch stark, ihn zu erobern. Dazwischen taucht Percys Leidenschaft auf – aber er ist sehr jung. Du nanntest ihn oft «Percy boy». Frage Dich mal, ob Du jemals Rudi laut oder leise «Rudi boy» nennen würdest. Einfach ausgeschlossen! Wenn ich nicht im tiefsten Inneren das Gefühl hätte, Du würdest mit Rudi brechen, wenn Du *wirklich nur* Percy liebtest, so würde ich jetzt den Plan unterstützen, den John sich ausgedacht hat. Er ist bereit, nach Dresden zu fahren und mit Rudi zu sprechen, ohne Dich, Rudi oder Percy zu verletzen. Zuerst will er sondieren, ob Rudi wirklich nur lauwarme Gefühle für Dich hat, indem er sagt, daß Du leidest und sehr liebebedürftig bist. Aus dem Gang der Unterredung müßte sich erst ergeben, ob er überhaupt von Percy etwas sagen will. Rudi und John haben sich nach dem Vortrags-Essen bei Hillmann sehr gut unterhalten und sich in ihren Anschauungen gut verstanden. Natürlich würde John nie ohne Deine Einwilligung nach Dresden fahren, aber er ist bereit, es zu tun. Nun überlege es Dir mindestens drei Tage. Ich weiß nicht, ob es das Richtige ist. Es gibt so tiefe und geheimnisvolle Konflikte und Leiden in den armen Menschenherzen, an die man vielleicht nicht rühren darf. Es ist ja auch das Schicksal, das dort seine Fäden spinnt. So muß dann eben ein solches ausgekämpft werden, auch wenn ein Unglück daraus wird. Das weiß man ja aber gar nicht. Nachdem wir zum Tee bei Dir waren, haben wir Dir recht gegeben, daß es keinen Sinn hätte, mit Deinen Eltern zu sprechen. Die armen Ahnungslosen tun mir sehr leid! Ich als Deine Seelenschwester hätte absolut keinen Einfluß auf sie, nachdem es unser ganzes Leben hindurch schon hieß: «Natürlich, ihr beide zieht ja immer am selben Strang.» Und John ist ihnen ja viel zu fremd. Wann werden wir uns wiedersehen, meine Matti? Du weißt, daß wir jeden Tag für Dich da sind.

In inniger Liebe
Deine Bertha

PS.
Das ganze Unglück liegt an Rudis Kühle. Vielleicht *kann* er nicht lieben, wie Du es gebrauchst.

Bremen, 29. November 95
Liebste Bertha und lieber guter John!
Natürlich bin ich erschüttert von Johns Vorschlag, nach Dresden zu fahren, kann aber nicht darüber schreiben. So telegrafiert mir, ob ich am 1., 2. oder 3. Dezember zu Euch kommen soll. Da ich jetzt nicht gern allein fahre, nehme ich Linsche mit, die ihre Verwandte, Fräulein von Qualen, dort besuchen kann. Wir nehmen den 8-Uhr-Zug früh und fahren nachmittags um 4 herum zurück, treffen uns im Wartesaal. Alles sehr einfach und gut geregelt.

In großer Liebe
Eure dankbare
Matti

Hier fehlen einige Briefe

Bremen, 2. Weihnachtstag 95
Liebe Einzige!
Euer Weihnachtspaket fand ich vor, als ich am 24. von Rudis Vater abends nach Hause kam. Wieder habt Ihr mich so schrecklich verwöhnt, und ich danke Euch mit tausend Küssen. Meine Gedanken waren so viel bei Euch; übers Jahr liegt nun schon ein Kind bei Euch in der Wiege. Ja – übers Jahr: Ihr in Hannover und ich in Dresden – –

Percy sang ein Lied: «Übers Jahr, mein Schatz, übers Jahr wenn die Rosen wieder blühen» – – –

Es wäre besser gewesen, Max Georgi hätte mir *nichts* von seiner Verzweiflung erzählt – seitdem ist es bei mir wieder schlimmer.

Bei Rudis Vater war der Weihnachtsabend sehr schön, und der rasend witzige Kapitänleutnant v. P. machte die Stimmung. Rudi schenkte mir einen sehr schönen Straußenfederfächer. Nun rückt der Gedanke an meine Hochzeit näher. Anna Quentell gibt mein Kranzbinden. Ich sitze viel oben bei Linsche, und da bin ich am glücklichsten.

Du mußt aber Dein Baby rechtzeitig in die Welt setzen, damit Ihr zu meiner Hochzeit am 21. März kommen könnt. Ohne Euch wäre dieser Tag für mich ganz undenkbar.

Nochmals innigen Dank! Ich gehe jetzt zu Deinen Eltern und werde dort an frühere Weihnachtstage mit Sehnsucht zurückdenken. – Aber an diesem Weihnachtsabend mit Rudi fühlte ich wiederum so stark, daß ich ihn lieben könnte, wenn er das Gefühl aufblühen lassen würde.

In Liebe
Deine Matti

Bremen, den 10. Januar 96

Liebe liebste Bertha!

Denke Dir, jetzt ist was ganz Merkwürdiges passiert. Rudi schrieb, ich solle *vorläufig* meine Briefe nicht mehr in seine Wohnung Semperstraße adressieren, sondern nach Liebigstraße 16 – in unsere neue Etage. Unsere Etage ist *ganz neu* und noch nicht bewohnt, und der Hauswirt hat sie uns für die Handwerker freigegeben. Rudi schrieb, er ginge täglich hin, um die Maler zu kontrollieren, die in seinem Arbeitszimmer die Wände blau anmalen und die Türen rot. Dann könnte er meine Briefe von da aus immer mitnehmen. Ich verstand das nicht, weil er doch jedenfalls abends immer in seine Wohnung muß. Aber ich tat, wie mir befohlen, und schrieb meine kleinen glanzlosen Briefe in die Liebigstraße. Darauf plötzlich ein furchtbar aufgeregter Brief von Rudi! Ich hätte seit sechs Tagen nicht geschrieben, und ob ich plötzlich – so nahe vor der Hochzeit – noch zurück wolle? – Er hätte schon immer damit gerechnet, aber dieser Termin wäre ja undenkbar. Ich kann es Dir nicht alles schreiben! – aber meiner Ansicht nach hätte er ja – wenn er wirklich an eine Entlobung glaubte – doch einen Schmerz empfinden müssen. Nein, nichts davon, nur Empörung! Ich zeigte Papa den Brief, der sofort Rudis Partei nahm und sagte, es sei ja natürlich irgendein Irrtum mit den Briefen, der sich noch aufklären wür-

de! – – – Darauf kam heute ein Brief von Rudi, der etwas klein-
laut klingt!: er wäre eine Woche nicht in der Liebigstraße gewesen,
und er hätte *vergessen* gehabt, daß ich dahin hätte schreiben sollen. Er hätte nun meine Briefe erhalten, alles wäre in Ordnung,
und jetzt sollte ich wieder nach der Semperstraße in seine Wohnung adressieren. Ich fragte mich, ob er inzwischen verreist war? –
Percy würde es *nie vergessen,* wo meine Briefe für ihn liegen! – – –
Ich war so tief bedrückt und ging in der Dämmerung zum Haus
von Rudis Vater, den ich selten besuche, weil er so viel Kälte aus-
strömt. Ich stellte mich vis-à-vis auf die Straße vor das Haus und
hatte mir ausgedacht, daß es ein gutes Zeichen für mich sein sollte,
wenn ich im Haus ein Licht sähe, oder wenn gerade ein Licht an-
gezündet würde. Das sollte bedeuten, daß ich noch in Rudis Herzen die Liebe entzünden könnte. Aber, denke Dir, da stand das
Haus eisig und steinern und ganz ohne Licht! Ich hatte das Gefühl, daß die steinernen Mauern in den Himmel wüchsen. Und mir
fiel plötzlich ein Ausdruck aus einer Synagoge ein: «die Mauer der
Unerbittlichkeit».

Wohin soll ich gehen, um Trost zu finden? Pastor Portigs letzte Predigt war über den Vers: «Dein Wort ist meines Fußes Leuch-
te und Licht auf meinem Wege.» Dann lese ich im Neuen Testa-
ment, aber der Trost hält nicht an.

Nun leb wohl, mein Engel, und sei umarmt

von Deiner
Matti

Bremen, den 13. Januar 96

Mein lieber Engel –
Zu Deinem Geburtstag – morgen am 14. Januar – sende ich Dir
mehr denn je meine heißen Wünsche. Wenn Du nun erst Dein
Kind ausgebrütet hast, wird doch alles noch so viel schöner, und
ich sehne mich danach, es in Deiner Wiege zu sehen! Meine Geschenke bringt Deine Mutter Dir morgen mit nach Hannover. Liebe Liebste, ich bin krank, der Kopf tut noch so weh – aber sorge
Dich nicht. Es wird bald besser werden.

In inniger Liebe
Deine Matti

Bremen, 20. Januar 96

Liebe Einzige –
Wie konntest Du es merken, daß ich Dir etwas verheimlicht habe?
Vielleicht wurde Dein Verdacht dadurch bestärkt, daß Deine Mut-

ter Dir von meiner Krankheit erzählte!? Und nun schreibst Du, Du wolltest *alles* wissen, und Du regtest Dich viel mehr auf, wenn Du es *nicht* wüßtest. Liebste Bertha, ich wollte Dich ja in Deinem Zustand nur schonen und Dir – zum ersten Mal in meinem Leben bewußt etwas verheimlichen und dieses nur aus Sorge und Liebe! – Es geht mir nun langsam besser, und jedenfalls kann es Dich heute nicht mehr so aufregen, als wenn ich Dir alles sofort geschrieben hätte! Ich glaube, es war der 11. Januar, als Max Georgi nachmittags 3¹/4 zu mir heraufkam. Er machte ein solches Gesicht, daß ich sofort in Angst ausrief: «Ist Percy krank, ist Percy etwas passiert?» «Nein, nein», sagte Max, «beruhige dich doch – ich komme gerade aus London und habe einen Brief für dich von Percy.» Er blieb dabei, als ich las. Percy schrieb englisch, und Max mußte mir einiges übersetzen. Als ich nur Percys Handschrift sah und sein blaues Papier, fing ich schon an zu zittern. Nun fragt er an, ob er jetzt herüberkommen soll und selbst mit Papa sprechen und ihm alles sagen. Die Szene mit Papa wäre ihm ganz einerlei! Ach – Bertha – dieser Brief ist so bezaubernd und jedes Wort nur Liebe und Angst für mich! Er schreibt, ich sollte dann an dem betreffenden Tag zu Dir nach Hannover, damit ich Papas erste Wut nicht erleben sollte, und dies wäre jetzt die allerletzte Chance – auf ein Telegramm von mir würde er sofort kommen. Er bittet mich dann, es mit Max durchzusprechen. Ja – das tat ich – aber Max hat eben doch das *ganz richtige* Gefühl, daß ich mir alles selbst eingebrockt habe, und daß ich es nun alles selbst auskämpfen muß. Ich sehe es selbst so an, daß Rudis große Kühle die *Strafe* ist für meine Treulosigkeit an Percy. Dann sagte Max, er hätte *einmal* lange mit Onkel Herbert darüber gesprochen, und der hätte immer wieder betont, daß Papa es nie erlauben würde, weil Percy ein ganz unbeschriebenes Blatt sei, ein Angestellter – viel zu jung für mich und zu unerfahren etc. – – Natürlich hätte Onkel Herbert auch den Skandal als etwas Entsetzliches empfunden. Max sagte: «Wenn Percy jetzt hierherkommt und mit deinen Eltern spricht, wirft dein Vater ihn einfach heraus – davon bin ich fest überzeugt.» Ich bat Max, mir 24 Stunden Zeit zu lassen und morgen um dieselbe Zeit wieder zu mir zu kommen und meine Antwort abzuholen, weil er ja wieder nach London zurückfährt. Das versprach er. Ich behielt Percys zärtlichen Brief, und er brannte wie Feuer an meinem Herzen. Zuerst war ich so unheimlich ruhig und sagte auch Linsche kein Wort. Ich lief rasch hinunter und dann zu Pastor Portig, um ihm von Anfang an alles zu erzählen und ihn um seinen Rat zu bitten, und vielleicht würde er doch mit Papa sprechen. Wie furchtbar erschüttert war ich, als das Mädchen an der Haustür sagte, er wäre mit seiner Frau für 4–5 Tage nach Düsseldorf gereist.

Da stand ich allein vor der Tür und sah zu der Kirche hinauf, von der mir keine Hilfe kam! Dann lief ich unseren lieben Weg – am Wasser entlang – zum Doventor, und ich dachte, welch hartes Schicksal es für mich ist, daß Du mich verlassen mußtest! Und langsam aber ständig wuchs in mir der Wunsch, nicht mehr weiterzuleben. Ich beschloß, am anderen Morgen 9 Uhr 30, anstatt in die Kunstgeschichte zu gehen, nach St. Magnus zu fahren. In Lesmona wollte ich noch einmal alles wiedersehen, so wie Percy es im Januar 95 – vor einem Jahr – auch getan hatte, und dann wollte ich unten vom Steg aus in die liebe, liebe Lesum. Es wurde ganz ruhig in mir, je mehr der Entschluß sich festigte.

Zu Haus wieder angelangt, ging ich sofort zu Linsche und erzählte ihr von Percys Brief. Sie weinte so bitterlich und sagte: «Es hat gar keinen Zweck – es endet alles nur mit neuen Schrecken.» Es war gut, mit ihr zu sprechen und ihre rührende Liebe so stark zu spüren. Ich sagte ihr auch, daß Max am anderen Nachmittag kommen würde, um meine Antwort zu holen. Gegen Abend fing dann schon das Würgen an, wie ich es nach der Gehirnerschütterung gehabt hatte und schon einmal nach einer Aufregung um Percy – aber noch nie so schlimm! Ein böser Schüttelfrost setzte ein und ganz wahnsinnige Kopfschmerzen. Das Glück wollte es, daß die Eltern aus waren und gar nicht nach mir fragten, weil sie ja wissen, daß ich dann stets mit Linsche esse. In der Nacht wurde das Erbrechen sehr schlimm, und oft war ich gar nicht bei Besinnung. Linsche saß die ganze Nacht neben meinem Bett und machte kalte Umschläge auf meinen Kopf. Zwischendurch war ich wieder klar und dachte dann jedesmal an den roten Rosenstrauß mit der Karte «Gute Nacht, Daisy», der hier nach dem Rennen vorm Fenster stand, und wie selig ich damals war. Am anderen Morgen war Linsche schrecklich aufgeregt, und sie schickte Wilhelm schon vor 8 zu Dr. X. Um 10 saß der alte Esel schon an meinem Bett, und ich mußte ihm die Zunge herausstrecken, was ich mit großer Inbrunst tat. Er ist wirklich *zu* dumm und wollte mich auf verdorbenen Magen behandeln. Nur meine Bemerkung, es sei genau wie damals bei der Gehirnerschütterung, nachdem ich vom Pferd gestürzt war, brachte ihn auf den Gedanken, daß es eine Gehirnreizung sein könnte. Er fragte, ob ich eine große Gemütsbewegung gehabt hätte, und Linsche sagte sofort: «Jawohl.» Dann meinte er, es sei ein Nerven-Shock, und ich müßte fest liegenbleiben. Zu dumm! Ich hätte doch überhaupt gar nicht aufstehen *können*! Und seine Medizin habe ich natürlich nicht genommen. Dann kamen nacheinander die Eltern rauf, die ja nun wieder ganz ahnungslos waren. Aber Dr. X hatte ihnen gesagt, ich hätte eine große Gemütsbewegung gehabt. Papa war ganz erschüttert! Er glaubte, es wäre die Sache mit Rudi und den Briefen, und er sagte so rührend und ahnungslos: «Das hat doch Rudi nur vergessen gehabt, er ist doch eben so furchtbar zerstreut, und bald habt ihr euch, und am 21. März ist eure Hochzeit.» Ich dachte voller Bitterkeit, wie es alles anders hätte sein können! – und es schmerzte mich so sehr, daß ich ihn und die gute Mutter innerlich ganz verloren hatte, und ich konnte vor Zerrissenheit nicht mehr zur Ruhe kommen! Linsche bat abends Dr. X, die Eltern zwei Tage nicht herauf zu lassen, da mich jedes Sprechen so aufregte. Nun erwartete ich noch Max und wollte ihn sehen. Linsche wartete unten auf ihn und brachte ihn dann selbst herauf. Ich hörte, wie sie in meinem Wohnzimmer zu ihm sagte: «Sie war diese Nacht todkrank, und sie kann sowas Furchtbares nicht noch einmal durchmachen.» Nun saß Max da, und ich konnte nur ganz leise sprechen, und ich sagte: «Max, ich wollte heute früh in die Lesum, *ganz sicher* – ich wollte es, denn ich kann diesen Zwiespalt nicht mehr ertragen, aber da wurde ich ja gestern abend krank. Ich habe keine Kraft mehr für all das Schreckliche, was kommen würde, wenn Percy jetzt käme.» Als ich den Satz mühsam zu Ende hatte, konnte ich nicht mehr, und Max stand auf und sagte: «Arme Marga, ich sehe es ja, du *kannst* es nicht, und bei deinem Vater würde Percy nicht das geringste erreichen – ich will es Percy alles sagen.» Dann ging er weg, und Linsche saß wieder an meinem Bett, und alles wurde still. Nur tief drin im Herzen saß der bittere Schmerz. Wie schön wäre es gewesen, von Percy ein Kind zu haben, wenn wir in London geheiratet hätten, und wie selig wäre er mit mir darüber gewesen! Und vor Rudi habe ich große Angst.

Noch eine zweite Nacht saß Linsche an meinem Bett, und sie mußte mir immer wieder fest versprechen, sehr, sehr oft zu mir nach Dresden zu kommen. Sie sagte zwischendurch: «Nun denke mal, wenn du mal so krank und ganz allein in London lägst und keine Linsche bei dir und dein Percy die langen Tage weg.»

Ich lag fünf Tage fest zu Bett, und der Brief zu Deinem Geburtstag wurde nur mit großer Mühe geschrieben.

In Liebe und Sehnsucht
Deine Matti

PS.

In der Nacht träumte ich immer von dem Hummer, der alles Unglück verschuldet hätte! Er kniff mich mit seinen Zangen ins Herz und sagte: «Da sitzt dein Charakterfehler.» –

Hannover, 22. Januar 96

Arme süße Matti!

Was ist nun wieder alles über Dich weggebraust! Gott gebe, daß Du inzwischen wieder zur Ruhe gekommen bist. Nun ist es gut, daß Du in etwa 14 Tagen wieder zu uns kommst! Dann setzen wir Dich – wie immer – zwischen uns aufs Sofa, Du redest Dir die Seele frei, und wir trösten Dich mit unserer Vernunft und mit unserer Liebe! Und dann wollen wir auch oft Hummer essen, damit Du Dich mit diesen guten Tieren wieder befreundest und nicht mehr träumst, daß sie Dich ins Herz kneifen!

Du mußt doch selbst sagen, Matti, daß in den $1^1/2$ Jahren Deiner Verlobung mit Rudi das *Schicksal* Dich immer wieder zu ihm gedrängt hat! Denke mal an London, wo am *selben* Tag der Brief Deines Vaters bei Dir ankam, an dem Du den Brief an ihn einstecken wolltest mit der Nachricht, daß Du Deine Verlobung mit Rudi lösen wolltest. Matti, wie gut, daß Pastor Portig verreist war!! Was hätte der arme stille Mann dazwischen gesollt, der sich doch sofort dem Willen und der Ansicht Deines Vaters gebeugt hätte! Und Matti, sei mal gerecht: es wäre ja auch für Deine Eltern ein furchtbarer Shock gewesen, wenn sie plötzlich erfahren hätten, daß Du eigentlich seit Deiner Verlobung immer an Percy dachtest. *Wie* sollen diese ahnungslosen Alten das alles begreifen. Und Percy ist 23, und das *ist* doch auch sehr jung. Wenn ich nun alles zu Ende denke, was aus dieser Szene zwischen Deinem Vater und Percy geworden wäre – entweder: nach einem unausdenkbaren Krach wäre doch vielleicht aus Vernunft und Konvention letzten Endes alles beim alten geblieben, *oder*: es wäre nach einem noch *viel* schlimmeren Krach die Entlobung mit Rudi erfolgt. Jedenfalls aber *keine* Heirat mit Percy. Dann wärst Du sofort in die Schweiz verfrachtet, und da hättest Du dann in Verzweiflung vegetiert – – –

Dann hätten die fünf Jahre Wartezeit erst begonnen, vor denen Du von Anfang an solche Angst hattest. – – Allerdings nehme ich an, daß Percy Dich vorher heimlich abgeholt und in London oder Gretna Green ohne Papiere geheiratet hätte. Er ist ebenso wahnsinnig verliebt wie stolz, und er würde *nie* von Deinem Vater Geld genommen haben, nachdem dieser sich gegen Deine Heirat mit ihm gesträubt haben würde. Er schrieb mir das selbst mehrere Male. Die Folgen eines solchen Skandals, wie man es doch nennen muß, hätten Dich einfach gebrochen! Die verzweifelten Briefe Deiner Eltern *oder* ihr Schweigen – dazu Deine Verlassenheit in

London und vor allem die Tatsache, daß Du, *gerade Du,* weder körperlich noch seelisch solcher Katastrophe gewachsen wärest. Du bist seelisch und körperlich so behütet worden und kannst schon jetzt die Aufregungen nicht mehr ertragen! Vergiß nicht, wie zärtlich Deine Eltern Dich liebten, und wie sehr Du sie wiedergeliebt hast. Sie fühlen sicher auch die Dunkelheit, die Dich von ihnen trennt, und können nicht begreifen, wer die Schuld daran trägt. Schiebe nicht die Schuld auf Deinen Vater, sondern suche den Grund in schicksalhaften Mächten. Da ist irgendeine Macht, die Dich an Rudi kettet, und das fühlt Percy auch!! Er hat es von Anfang an gefühlt. Vielleicht schon manches Mal in Lesmona, wenn er solche plötzliche Angst vor der Zukunft hatte! Du darfst nie Percys heiße Liebe mit Rudis Liebe vergleichen. Jetzt höre ich, wie Du schreist: «*Nicht* Liebe, sondern Zuneigung.» Also gut. Du kannst nie zwei Menschen aneinander messen, denn wir sind alle *so* verschieden. Percy liebt Dich mit dem ganzen Elan seiner Jugend, und dazu hat er noch ein sehr leidenschaftliches Temperament. Das hat eben Rudi nicht, und Du darfst von ihm nichts erwarten, was er nicht zu geben imstande ist. Mein John sagt mir auch nie so zärtliche Dinge, wie Percy sie Dir sagte, und ich erwarte es auch nicht, weil er eben anders ist.

Ganz sicher kommt im späteren Leben noch viel Schönes zu Dir. Denke dann mal an mich, ob ich recht habe! Ein Mädchen wie Du – und später, wenn Du noch reifer sein wirst, eine Frau wie Du – das ist doch ganz ausgeschlossen, daß Du nicht irgendwo noch Dein Glück findest. Und sollte Rudi wirklich auf die Dauer blind sein und nicht erkennen, *wie Du bist,* so erkennt es eben ein anderer. Liebe süße Matti, sei nicht so hoffnungslos. Ich habe eben an Percy geschrieben und hoffe, daß mein Brief ihn beruhigt. Quäle Dich nicht mit Selbstvorwürfen – – woher kommen die dunklen Mächte, die uns bewegen, dieses oder jenes zu tun, – sie steigen aus der Tiefe in uns auf, und wir folgen der Macht, die uns ins Glück oder ins Unglück bringt. Quäle Dich nicht damit, Matti, Du weißt *nicht,* ob Du wirklich mit Percy glücklich geworden wärest. – – – Lege nun alles in Gottes Hand und lasse Dich von Gott führen. Wie selten kommt es vor, daß jemand seine erste Liebe heiratet. Dann wollen sie alle erst sterben, und nachher renkt es sich doch alles ein.

Liebe Matti, meine Mutter schreibt mir, daß Du Dich bis jetzt geweigert hättest, Dein Hochzeitskleid, Reisekostüm und alles übrige zu bestellen. Deine Mutter hat es ihr ganz verzweifelt erzählt, und Röben hätten so dringend gebeten, Du solltest doch wirklich jetzt kommen, weil sie nachher im Frühling so sehr viel anderes zu tun hätten!!! Nachdem Du so lange geschwankt und gelitten hast und uns hier sagtest, Du wärest entschlossen, Rudi zu heiraten, mußt Du jetzt auch die Konsequenz ziehen. Du hast Johns Intervention abgelehnt ebenso wie den Vorschlag, daß ich Percy bitten wollte, Dich ganz in Ruhe zu lassen und Dir nicht mehr zu schreiben. Deshalb mußt Du jetzt auf dem Weg weitergehen, den Du Dir selbst vorgeschrieben hast. Nun bestelle Dir Deine Kleider, meine Matti, sonst komme ich und bestelle sie mit Dir. Bedenke doch, daß Du *schön* sein sollst und daß alle sich an Dir freuen sollen. John und ich wären verzweifelt, wenn Du nicht schön wärst, und wie soll Rudi in Dich verliebt sein, wenn Du so versteinert aussiehst. – – –

Grüße Fräulein Korte bei Röben und sage ihr, sie sollte Dir nicht so dicke Ripsseide geben wie mir für *mein* Hochzeitskleid letztes Jahr.

In inniger Liebe, mit tausend Grüßen von John,
Deine Bertha

Bremen, 24. Januar 96

Liebe einzige Bertha!
Heute morgen war ich mit Mama bei Röben und habe alles bestellt, auch das Hochzeitskleid. Ich verspreche Dir, nicht mehr zu weinen und *lieb zu sein*! Ach – *wie oft* habe ich diese letzten zwei Worte «lieb sein» als Kind zu Dir gesagt!!

Dein Brief war wieder so himmlisch, und ich danke Dir so innig, daß Du an Percy geschrieben hast. Von Deinen Händen kommt nur Segen!

Bald komme ich zu Euch!

In Liebe küßt Euch
Deine Matti

Bremen, 30. Januar 96

Meine liebste Bertha!
Deine Briefe bedeuten mir so unendlich viel. Durch alle Schicksale – durch Freuden und Leiden – hat sich darin seit unserer Kindheit nichts geändert. Ich kann mir denken, wie oft Du an der Wiege stehst und Dir das Baby ausmalst, das nun bald darin liegen wird! Es sind solche unfaßlichen Wunder, und es sind Augenblicke der Gnade, in denen man von diesen Gotteswundern etwas begreift. Sicher würde ich viel mehr von *Deinem* Zustand und Deinem Erleben schreiben als von mir, wenn mich nicht meine Angst oft erdrückte. Ich bin es nun mal von jeher so gewöhnt, Dir alles zu sagen und zu klagen, und es bringt mir doch jedesmal eine Erleichte-

rung! – Oft habe ich auch Hoffnung, daß es mir noch gelingen wird, in Rudi die Liebe zu erwecken!!! – Bertha, wenn ich *die* nicht gehabt hätte, wäre ich doch wohl längst nicht mehr seine Braut. Was ist denn diese Macht – ich weiß es nicht. Ich flehe immer zu Gott, daß Er mir Rudis Herz noch schenken wird. Oft wird mir dann leichter. Und dann wieder sage ich mir, daß ich doch Percys Herz besaß – das war doch ein Geschenk von Gott, um das ich gar nicht zu bitten brauchte. Die Trennung von ihm hat mich damals in diese Wirrsal hineingebracht – in diese Herzens-Verwirrung. Wäre Percy hier gewesen, hätte die Schwäche nicht über mich siegen können, als ich zu Rudi «Ja» sagte. Percy war mir damals etwas entschwunden. Ich hörte nichts mehr von ihm, und Onkel Herberts Worte, er sei viel zu jung und Papa würde es *nie* erlauben, machten es mir doch hoffnungslos. Dazu die fünf Jahre, die ich warten sollte, ohne ihn zu sehen, und immer die Angst, ob ich das durchhalten könnte. Und der Gedanke, wenn ich ihm dann nach ein oder zwei oder drei Jahren abschreiben würde, was doch viel schlimmer für ihn sein müßte, als jetzt sofort. Ich dachte auch, er sei so jung und würde mich bald vergessen. Jetzt weiß ich, daß er mich *nie* vergessen wird, und davon werde ich verrückt. Und Du warst weg, und *niemand* half mir!!

Die armen Eltern wissen nun immer noch gar nichts. Oft merke ich, daß sie sich grämen. Es ist ein Doppelleben, das ich jetzt führe: eins nach innen und eins nach außen, und sie haben zwei sehr verschiedene Gesichter.

Letzte Woche hatte ich noch drei Balleinladungen: Hoffmanns, von Kapffs und Achelis'. Als Braut kann ich die Bälle alle absagen. Aber zu den Braut-Diners muß ich noch hin. Rudi war ja immer so kurz hier, daß es sich nicht alles in die Zeit hineinbringen ließ. So war ich letzte Woche mit den Eltern bei Delius und bei Herrn und Frau Hachez. Dieses letzte Diner war wirklich fürstlich. Das wunderbare Haus, der ganze Stil und die vornehmen alten Hachez' in diesem Rahmen. Die Tafel war ein Blumenmeer, und vor meinem Tischplatz standen in einem Blumenkorb zwei Meißner Amoretten als Geschenk für mich. Ich dachte heimlich in mich hinein: «So viel Glanz für so viel Leiden.» Du schreibst in Deinem letzten Brief, es würde mir ganz sicher noch gelingen, Rudis Herz zu besiegen. Es gibt Stunden, wo ich das auch denke. Aber seine Briefe – diese Kühle – auch wenn er bei mir ist –

Nun leb wohl, meine liebe liebe Bertha. Gleich kommt Avy.

In Liebe
Deine Matti

Mein lieber Engel!

Heute ist Rudis Geburtstag – ich habe ihm die Ledersachen geschickt, die ich mit Dir in Hannover kaufte. –

Du fragst, weshalb ich Dir nie mehr von Prinz und Pieter erzählte und ob ich sie nicht mehr mit ausnähme. Natürlich nehme ich sie
immer mit, wenn ich ausgehe. Ich pfeife vor Eurem Küchenfenster
unsern Pfiff, und dann rennt sofort eines von den Mädchen hinauf
und läßt Prinz heraus. Oft sitzt er auch vor der Tür. Er ist entschieden melancholisch, seit Du weg bist. Alle sind gut zu ihm, aber Du
hast Dich doch intensiver mit ihm beschäftigt. Ich bin ja auch mit
den Hunden anders als früher, weil meine Gedanken woanders
sind. Heute früh ging ich mit ihnen zum großen Rasen, wo wir damals unsere Hüte auf den Schirmen kreiseln ließen!! Da fiel mir
alles wieder ein, wie plötzlich Dein neuer Rosenhut herunterfiel
und er sofort von Prinz in rasendem Tempo auf den Rasen ge-
schleppt wurde! Pieter raste hinterher, und dann rissen sie so lange, bis von dem Hut nicht mehr viel übrigblieb, und es war der *so*
teuer erkaufte Hut! Weißt Du noch unsere Aufregung und das
Nachspiel? Das sind nun fünf Jahre her. – Dann fragst Du nach
Anna und Susi. Ich war letzte Woche mit Anna bei Susi zum Tee.
Die Wohnung in der Neustadt ist sehr hübsch und groß! Susi ist
als Frau Hauptmann v. Poser genau so irrsinnig komisch wie früher. Als ihr Mann hereinkam, sagte sie: «Marga, nenne ihn nur
gleich Männe, dann ist alles geregelt.» Dann sagte sie: «Zuerst
kam ich mir hier in der Neustadt ganz degradiert vor – wir kennen diese Gegend doch nur vom Zirkus und von der Wahrsagerin.»
Anna ist sehr glücklich – sie heiratet Anfang Juni. Ich sehe sie auch
oft, aber da sie *nichts* von Percy und von meinen Leiden weiß, ist
doch eine kleine Hemmung da. – Es liegt aber gewiß nicht an ihr
– sie ist reizend wie immer. Sie gibt mein Kranzbinden und wird
meine erste Brautjungfer, so wie ich letzten Jahre Deine war. Dann
folgen noch drei Paare hinterher. Ich sehe Dich ja noch vorher, und
Du kannst dann noch alles hören, was Du wissen willst.

Grüße John und sei in Liebe geküßt
von Deiner Matti

Liebe einzige Bertha!

Du schiltst mich aus, daß ich Dir nichts von der Hochzeit erzähle,
nachdem ich letztes Jahr bei Dir alles so hundertmal mit Dir durch-
gesprochen hätte. So will ich es heute tun, obwohl es mir schwer-
fällt. Für das Kranzbinden bei Anna bekomme ich ein weißes

Crêpe-de-Chine-Kleid. Nein, *bitte*, quäle mich nicht mit den Kleidern. Ich kann sie Dir ja später zeigen. Papa hat jetzt mit Rudi das Geschäftliche schriftlich geregelt. Es war bisher Gottseidank noch nie von Geld die Rede gewesen! Rudi hatte Weihnachten nur erzählt, daß sein Vater jedem seiner vier Kinder 100 000 Mark geschenkt hätte. Rudi hatte vorher schon etwas von seinem Großvater, Senator A., geerbt, und er verdient in Dresden 6000 Mark. Papa sagte nun: «Ihr habt dann ja von deinem Mann 11 000 Mark im Jahr – ich gebe euch im ersten Jahr 6000 Mark zu und später mehr. – Ich werde immer für meine einzige Tochter sorgen.» Es war mir alles so schwer – ich bin innerlich mürbe, und so weinte ich. Papa wollte mir darüber weghelfen, und er fragte so rührend: «Weinst du, weil es nicht genug ist?» Ich sagte: «Geld ist mir vollständig gleichgültig, ich komme sicher auch mit viel weniger aus – es ist wohl nur der Abschied.» Da sagte Papa: «Du mußt nun aber in der Ehe den Wert des Geldes kennenlernen, denn es können auch mal andere Zeiten kommen, und das Geld ist zwar an sich kein Glück, aber es ist eine ernste Sache, es zu verdienen, und du mußt noch lernen, was das bedeutet.» Ich dankte Papa für alles, und plötzlich war er auch sehr bewegt. In dem Moment dachte ich, wie sich die Szene nun ändern würde, wenn ich jetzt sagen würde: «Bitte, bitte, laßt mich Percy heiraten – Rudi liebt mich nicht, wie Percy es tut, und ich werde sicher bei Rudi erfrieren.» Es packte mich ein richtiger Graus, und ich lief schnell weg. – –

Liebe Bertha, ich schickte Dir gestern die vier Flanell-Luren für Baby, die ich mit großer Liebe umsäumt habe.

Ich war gestern lange bei Deiner guten Mutter, und natürlich sprachen wir nur von Dir und ob Du rechtzeitig mit Baby fertig bist, um zu meiner Hochzeit zu kommen.

In Liebe
Deine Matti

PS.
Von der Hochzeit erzähle ich Dir bald.

Bremen, 7. Februar 1896

Mein lieber Engel!
Du schreibst, daß Du jetzt alles aus mir herauspuhlen müßtest, während ich sonst ein so ungeheures Mitteilungsbedürfnis gehabt hätte. Ja – es ist eben alles anders. Nun willst Du alles von der Hochzeit wissen. Die Eltern haben nun alles mit Stefeniak, Brokate und Wilhelm besprochen, und ich will es Dir schreiben, *weil Du es willst.*

Der Empfang nach der Kirche ist unten. Die Herren bekommen

dann unten die Führerkarten für ihre Tischdamen, und wir gehen dann im geschlossenen Zuge bei Musik in die 1. Etage hinauf: Rudi und ich voran – die vier Brautführerpaare hinterher. Es werden sicher 90 Personen, denn es sind über 100 eingeladen. Du sollst mit meinem Vetter Rittmeister Struve zu Tisch gehen, der jetzt in Hannover auf der Reitschule ist. Er hat die bezaubernde Margot Struve geheiratet (seine und meine Cousine). Du sollst mit ihm als einziges jüngeres Paar mit im Saal sitzen, und zwar mir vis-à-vis. Im Saal sollen 45 Gedecke sein und nebenan im großen Salon nochmal 45. Bei geöffneten Flügeltüren wird es einheitlich und schön aussehen. Die Jugendlichen sollen nach dem Essen zuerst aufstehen und sich im Kabinett, Blumenzimmer und dem großen Vorraum verteilen. Inzwischen wird die Tafel im Salon abgedeckt. Stefaniak sagte, daß das mit der vielen «Mannschaft» nur $1/4$ Stunde dauern könnte. Später soll dann getanzt werden. Von meinen Verwandten kommen *sehr* viele von auswärts. Otti und Ellen Falck heiraten beide in derselben Zeit und können nicht kommen. Von Rudis Freunden kommen Dr. Fritz Sarre - Berlin, Dr. Stübel - Dresden, Dr. Alexander Struve. Nun weißt Du doch schon allerlei, und den Rest erzähle ich Dir, wenn ich bei Euch bin.

In Liebe
Deine Matti

Bremen, 8. Februar 1896

Meine liebe liebe Bertha!

Es geht auf Mitternacht, und Linsche weiß nicht, daß ich wieder aus dem Bett gekrochen bin. Ich bin so erfüllt von 2 Abenden, und vom letzten – dem heutigen – will ich Dir zuerst schreiben. Ich war mit den Eltern im Konzert, und es war so überwältigend! Mit Dir hörte ich früher schon mal die Mondschein-Sonate, aber da ich nicht so musikalisch bin wie Du, ging sie nicht gleich so groß und tief in mich ein wie heute. Ich weiß nicht, ob ich seelenglücklich war oder tief unglücklich. Mit all diesen Strömen, die mich durchfluteten, konnte ich einfach nicht fertig werden. Daß es etwas so Herrliches – außer der Gottesnatur und der Liebe – noch gibt auf dieser Welt wie solche großartige Musik – das war mir eine Offenbarung. So saß ich hier erst noch lange im Schlafrock im Lehnstuhl am Ofen – und es war so traulich und warm, und ich fühlte mich so geborgen und versuchte, mich zu sammeln. Ich sammelte die Erinnerungen an die schönsten Abende im Mondenschein, die ich erlebte! In Lesmona, in Rom, in Kreuth auf dem Plateau, am Meer und hier, wenn die Sichel oder der Vollmond hinter der Mühle steht und der silberne Glanz in den Stadtgraben fällt. Ich bin gar nicht sentimental, nur aufgewühlt, und ich sagte eben leise das

Gedicht her von Goethe: «Füllest wieder Busch und Tal.» Inzwischen habe ich ziemlich viel gegessen: Äpfel und Chocolade und Cakes, und ich bin wieder ins Irdische zurückgekehrt und will Dir nun noch von dem gestrigen Abend bei Rudis Vater erzählen.

Die Eltern mußten absagen, weil sie schon woanders zugesagt hatten. Ich mußte nun allein hin. Es war ein sehr konventionelles Diner mit lauter offiziellen Persönlichkeiten und mehreren Offiziers-Ehepaaren. Ich ging mit Rudis früherem Freund, Dr. v. G., zu Tisch und saß auf der anderen Seite bei einem Freund meines Schwagers Adolf. Mein elfenbeinernes Abendkleid vom Herbst aus Seiden-Chiffon ist wirklich sehr hübsch, aber es fehlte mir schon bei der Anprobe eine Blume. Künstliche Blumen mag ich nicht leiden, obwohl wir beide bei Frau Visseur gelernt haben, sie anzufertigen. Ich ging also vormittags zu Kommer, um mir eine frische Blume zu kaufen. Da sagte Fräulein Kommer, der Bürgermeister bekäme heute abend ganz wunderbare Kamelien. Wir suchten nun zwei rosenrote aus, die auf dem Elfenbeinkleid sehr schön aussahen. Da ich zuerst die Eltern zum Osterdeich fahren mußte, kam ich etwas spät, obwohl Heinrich – entgegen Papas sonstigen Befehlen – die Pferde heute rennen ließ. Rudis Vater stand in der Tür des großen Wohnzimmers, und zum ersten Mal strahlte mir wirklich Wärme von ihm entgegen, als er meine Hände nahm und sehr reizend sagte: «Da bist du ja, mein liebes Kind.» Der Tisch im Saal war ganz mit Kamelien belegt – nur in der Mitte war eine große Schale mit aufstrebenden Kamelien in Rosa und Rot. Es sah unwahrscheinlich schön aus – alle diese Farben und auch weiße mit rosa Adern. Sehr, sehr vornehm war das Ganze mit altem Damast, den Kerzen und die Ratsdiener in den roten Fräcken. Um so weniger wirst Du nun verstehen, daß Deine entsetzliche Matti – während einer Gesprächspause mit meinen beiden Nachbarn und beim Betrachten der alten Menschen mir gegenüber – diese plötzlich bis zur Taille in Gedanken zu entkleiden begann. Die dicke Dame mit dem vielen Schmuck und dem Speckhals und den neben ihr sitzenden großen, hageren Mann aus Berlin mit den vielen Orden!! Ihr Fett und seine Knochen mit den Orden auf den dürren Rippen hatten mir dieses Phantasiebild erstehen lassen. Neben ihm saß eine kleine, schrumpelige Dame mit kaltem und hochnasigem Gesicht, deren doppelte Reihe Perlen den gelblichen und faltigen Hals weder verdecken noch verschönern konnte. Wie kann man überhaupt hochnasig sein, wenn man so häßlich ist! Ich war schon dabei, auch die anderen auszuziehen, als mein Nachbar Dr. Achelis von Schwager Adolf zu reden begann, den ich so sehr liebe! Adolf ist in der Familie Retberg derjenige, der mir am nächsten steht. Er war in London an der Botschaft, als ich letztes Jahr dort war, aber ich war zu furchtbar von meinem Unglück mit Percy erfüllt, als daß ich imstande gewesen wäre, über mein Zusammensein mit Adolf zu berichten, der oft zum Dinner zu Bercks kam. Nach dem Essen besahen wir die Ahnenbilder, die an den Wänden des Saales hängen und die in regelmäßiger Folge bis ins 17. Jahrhundert zurückgehen. Und ich dachte so sehr an Rudi und daß er mich doch eines Tages noch lieben möchte, und ob ich vielleicht diese Ahnenbilder noch einmal vervollständigen würde durch uns und unsere Nachkommenschaft. Rudis Fernsein sprach viel lauter zu mir, als seine Anwesenheit es getan hätte. Seine Kühle und alles mich so oft Kränkende fiel weg, und ich sah nur seine Persönlichkeit vor mir und fühlte durch die Ferne die Macht, die er über mich hat. Als ich nachher fortging, war Rudis Vater noch einmal sehr lieb zu mir. Ich blieb bis zuletzt, um ihn zu erfreuen, und er saß noch mit mir im Kaminzimmer und erzählte von den verschiedenen Personen, die heute dagewesen waren und die ich zum Teil ausgezogen hatte. Dann brachte er mich hinaus und gab mir den ersten Kuß auf die Stirn. Als ich die Treppe hinaufsah, fragte er, ob Rudi mir Weihnachten oben sein Zimmer gezeigt hätte, und als ich dies verneinte, sagte er: «Wie sonderbar.»

Es ist so schön still hier, und ich schreibe so gern abends spät. Viele Kamelien vom Eßtisch, welche die Hausdame, Fräulein N., mir mitgegeben hatte, liegen neben mir in einer Schale. Sie sind so herrlich, aber mit den Blumen ist es auch sehr merkwürdig. Die Rosen von Percy oder die Jelängerjelieber, die er mir am Holthorster Feld vom Busche pflückte und an meinem Sattel befestigte – kurz, jede Blume von ihm *redete* richtig mit mir. Ströme von Liebe gingen aus von ihnen und in mich hinein und viele süße Geheimnisse, während Blumen ohne Liebe eben nur von ihrer eigenen Schönheit und von ihrem eigenen Geheimnis sprechen.

Nun aber endlich Gute Nacht. Hoffentlich kannst Du das Bleistiftgeschmier lesen, und hoffentlich schlaft Ihr längst und Du träumst von Deinem Kind, das bald in der Wiege liegen wird. Ich will nun noch beim Einschlafen an die Mondschein-Sonate denken. Aber wie ist es nur möglich, daß ich auch den Orgeldrehern so schrecklich gerne zuhören mag. –

Immer
Deine Matti

Bremen, 9. Februar 1896

Liebe liebste Bertha!

John schreibt mir gestern eine Karte, ich sollte nun rasch noch zu Euch kommen, ehe mein Zimmer von Baby besetzt würde. Kann ich am 11ten früh kommen mit dem 8-Uhr-Zug hier ab? John will mich dann von der Bahn holen. Telegrafiert mir bitte, ob es Euch paßt. Ich bleibe bis Freitag *abend*. Dann nimmt Papa mich mit zurück, der in Hannover zu tun hat. Also drei Tage bin ich dann bei Euch.

Meine Stunden habe ich alle aufgegeben, und trotzdem ist es jetzt eine große Hetze, da sich alles sehr zusammendrängt. Gestern abend hatten wir eine Gesellschaft für die zwei Brautpaare Ally und W. v. T. und Anna und Gottfried Krefting und auch noch mit für das junge Ehepaar Susi und Hauptmann v. P. Für mich war es irgendwie so aufregend, daß ich es Dir schreiben muß. Also Papachen W. brachte Mama einen schönen Blumenstrauß und mir drei rote Rosen, die ich mir anstecken sollte. Ich erschrak mich furchtbar, denn seit Percy mir damals in Lesmona die zwei roten Rosen ansteckte, kann ich keine mehr sehen, ohne daß die Wunde blutet. Er sagte damals: «Rote Rosen gehören zu Glück und Liebe.» Beides war nun für mich vorbei, und ich sagte: «Herr v. Weise, erlauben Sie mir, daß ich die Rosen in eine Vase stelle und zu mir hinaufnehme, denn wenn ich sie jetzt anstecke, sind sie hinüber.» Natürlich war ihm das recht. Dann fiel mir der göttliche rote Rosenstrauß von Percy ein, den ich damals vor Onkel Herbert Papachen W. angedichtet hatte, und ich war ganz verwirrt. Susi und ihr Mann kamen herein, und Susi sagte: «Du siehst ja aus wie ein verlorenes Schaf.» Ich saß zwischen Carl Fr. und W. v. T. und trank beim Sekt Brüderschaft mit beiden, die ja nun durch Rudi meine Vettern geworden sind. T. strahlte Ally an, und *sie* machte ihre komischen Witze. Papa brachte einen Toast aus auf die zwei Brautpaare und nahm P.'s noch mit hinein. Er hatte lauter Zitate von Goethe und Schiller aneinandergereiht, und es war ganz himmlisch witzig. Als er da in seinem Frack stand und so leicht und sicher redete, machte er mir doch einen sehr großen Eindruck. W. v. T. sagte nachher: «Dein Vater sieht aus wie ein alter General.» Darauf sagte Carl Fr.: «Bei dir muß immer alles Gute vom Militär kommen – ich finde, er sieht aus wie ein vornehmer, alter Bremer Hanseat.» Ich habe Carl Fr. immer *sehr* gern gemocht. Übrigens sieht er Rudi sehr ähnlich. Rudi hat edlere Züge, aber Evi sagte: «Carl Fr. hat mehr Charme.» Also nun sagt er nach der Brüderschaft zu mir: «Nun sag mir mal, meine neue kleine Cousine, weshalb du jetzt immer so ernst bist – du warst doch früher so *furchtbar* übermütig. Weißt du noch in der Vahr bei uns in der Kegelbahn? Du warst doch wie ein sprudelnder Gebirgsquell.» Ich wurde nur rot und schwieg. Nun hat er dies reizvolle Zurückzucken des Kopfes, dem dann das prüfende feste Ansehen folgt, und dann sagte er: «Wo ist eigentlich der englische Vetter geblieben, der damals nach dem Rennen bei Hillmann so furchtbar in dich verschossen war?» Ich sagte versteinert: «Er ist in London.» Ob er nun meinem Ausdruck oder meiner Stimme etwas angemerkt hatte, weiß ich nicht. Er ist ja so fabelhaft diskret und taktvoll und *ahnte* natürlich nicht, daß seine Frage mich ins Herz treffen würde. Aber nun wechselte er blitzartig das Thema und sagte: «Mit deinem Vetter Alexander Struve habe ich in München studiert und freue mich sehr, ihn bei deiner Hochzeit wiederzusehen.» Wir unterhielten uns dann sehr gut. Papachen W. brachte noch einen Toast auf mich aus – die «verlassene Braut», sehr reizend und freundschaftlich. Darauf sagte Carl Fr.: «Gottseidank, daß er es mir abgenommen hat – es wäre mir heute sehr schwer geworden.»

Nach dem Essen wurde es furchtbar vergnügt. Suse und Ally waren geradezu feuersprühend! Plötzlich ruft Gottfried Krefting: «Marga, warum bist du eigentlich so still?» Da sagt Susi: «Das viele Militär macht sie verwirrt, sie fragt sich, ob hinter den Uniformen nicht vielleicht mehr steckt als hinter der Kunstwissenschaft – aber ich kann sie beruhigen: Hinter den Uniformen verbergen sich weder Tiefen noch Untiefen – nicht wahr, Männe?»

Als sie aufbrachen – es war nach 1 Uhr – und als ich die drei Paare so zärtlich zusammen sah, dachte ich: «Die haben nun alle die Liebe – und der mich liebt, den habe ich verlassen.» Ich stand allein, und da trat Carl Fr. zu mir. Er sagte sehr ernst: «Du kommst nun ja nach Dresden. – Du bist noch so jung, und es wird sicher alles sehr schön. Aber das Leben ist lang, und wenn du einmal einen Freund brauchst, dann bin ich für dich da.» Ich konnte ihm nur die Hand geben und «Danke» sagen. Er hatte sicher durch den dunklen Vorhang hindurchgesehen, von dem Percy in Lesmona sprach! Percy sagte damals: «Es gibt Dinge, die man gar nicht wissen *kann* und die man doch durchschaut – man kann sie durch den dunklen Vorhang hindurch erkennen.» – – –

Ich brachte die drei Rosen zu Linsche und sagte ihr, sie sollte sie so in ihrem Zimmer hinstellen, daß ich sie nicht mehr sehe. Dann haben wir beide geweint, und sie hat wieder an meinem Bette gesessen, bis ich eingeschlafen war. – Und nun auf Wiedersehen, mein Engel. Also telegrafiere bitte, sonst erfahre ich's nicht rechtzeitig.

In großer Liebe
Eure Matti

Bremen, den 14. Februar 1896

Meine liebe einzige Bertha!

Es war gut, daß ich noch einige Tage bei Euch war, denn nun ist es hohe Zeit, Dein Baby-Zimmer einzurichten. Wie gut ist es, daß

Dein Arzt gesagt hat, Du könntest drei Wochen nach der Geburt ruhig zu meiner Hochzeit fahren, wenn alles gut ginge. Und warum sollte *nicht* alles gut gehen –. Bedenke, woher ich die Kraft nehmen sollte, ohne Euch zum Altar zu gehen, ohne daß ich denken könnte, Du wärst hinter mir im selben Raum in unserer lieben Ansgari-Kirche. – Letztes Jahr ging ich hinter Dir her und stand dann beim Altar rechts neben Dir und hielt Dein Braut-Bouquet. Alles kommt jetzt wieder zu mir zurück, wo ich zur selben Zeit denselben Weg gehen soll. – Ich freute mich *so*, daß Ihr beide sagtet, ich sollte dann, sobald es ginge, einen Tag herüberkommen und Baby sehen. Nachher, wenn ich in Dresden bin, wird es doch nicht so bald sein können. Du mußt jetzt viel spazierengehen – das soll sehr wichtig sein, sagt Mama. Wie schön war es bei Euch, und ich danke Euch für alle Liebe! Ich kam mit neuer Seelenkraft zurück und habe wieder Hoffnung.

Nun lebt wohl und seid geküßt
von Eurer Matti

Bremen, den 16. Februar 96

Liebe Einzige!
Nur einen innigen Gruß, um Dir zu sagen, daß ich *ständig* an Dich denke!! Wir gehen nun beide so großen Ereignissen entgegen, und Gott möge mit uns sein.

Es küßt Dich
Deine Matti

PS.
Ich gehe jetzt jeden Morgen nach 9 Uhr zu Deiner Mutter und frage, ob ein Telegramm da ist.

Bremen, Februar 96
Mittwoch

Liebe Einzige!
Heute morgen, als ich zu Deiner Mutter wollte und schon am Tor war, brachte der Briefträger mir ein Wertpäckchen aus England. Zitternd ging ich mit ihm in die Haustür und unterschrieb meinen Namen auf dem Einschreibezettel. Es hatte niemand gesehen. Ich *wußte*, es war von Percy, ohne daß ich irgendwas vom Absender gelesen hatte. Ich wußte es durch die Liebe, die wie ein Strom durch die Fernen geht. So steckte ich erst das Päckchen vorne in meinen Ausschnitt und ging zu Euch herüber. Es war aber noch keine Nachricht von Dir da. Dann lief ich zu uns, schloß mich oben

bei mir ein und öffnete das Couvert. Ich zitterte so entsetzlich, daß ich kaum das Papier abmachen konnte. Dann kam ein beschriebenes Blatt, das ich Dir nachher erkläre. Dann ein kleines Lederetui mit einem ganz wunderbaren Diamantring in einer alten Fassung. Darin ein kleiner Zettel:

«Dies ist der Ring meiner Mutter
Cornelia Roesner geb. Plessis
für meine liebe Daisy.»

Ja – ich saß am Schreibtisch und war vor Schmerz ganz versteinert und sehnte mich nach Tränen. Um das Lederetui drum war ein Zettel mit diesem Gedicht, mit dem es eine besondere Bewandtnis hat:

«Ships that pass in the night
And speak one another in passing
Only a signal shown
And a distant voice in the darkness –
Thus on the ocean of life
We pass – and speak one another
Only a voice and a look –
Then darkness again and a silence.
Longfellow.»

Ich hatte ihm in Lesmona an einem Morgen mein Gedichtbuch mit meinen Lieblingsgedichten mit ins Boot genommen und las ihm daraus vor. Ich war so froh, daß er Verständnis dafür hatte, und zu meinem großen Erstaunen sagte er mir dann Verse und Gedichte her von Byron und Longfellow, und dieses war dabei. Er versprach, es abzuschreiben. Zuerst vergaß er es, und als ich ihn daran erinnerte, sagte er: «Es hat eine dunkle Bedeutung, und ich möchte es dir nicht abschreiben.» Nun jetzt – wo alles vorbei ist, hat er es getan.

Es küßt Dich
Deine Matti

Hoffentlich kannst Du die Schrift lesen, ich zittere immer noch.

Hier fehlen einige Briefe

Meine liebe Einzige!

Durch meine Krankheit kam ich mehrere Tage nicht zum Schreiben, aber ich will Dir jetzt *gewiß nichts* vorklagen. Wir wollen dankbar sein, daß der kleine Engel Wolfgang nun in der Wiege liegt. John schreibt mir aber, ich sollte jetzt noch nicht kommen, und Du hättest seit gestern etwas Fieber – es hinge aber sicher nur mit der Milch zusammen, und ich sollte Dir jeden Tag schreiben. Ja, Du willst wissen, was ich an Percy schrieb. Nachts von 1–3 habe ich ihm geschrieben, 12 lange Seiten, und schrieb mir alles von der Seele. Als ich den Brief am andern Morgen eingesteckt hatte, kam das Würgen, und ich mußte ins Bett.

Nun werde *Du* aber rasch besser!!!

In inniger Liebe küßt Dich und Wolfgang
Deine Matti

Mittwoch

Meine liebe Einzige!

Morgens laufe ich jetzt immer zu Deinem Vater und frage nach Nachrichten von Dir. Es ist ja noch nicht ganz so gut, aber habe nur Geduld – – –

Jetzt sind im Saal meine Hochzeitsgeschenke auf dem langen Tisch aufgebaut, so wie letztes Jahr auch bei Dir. Ich fragte mich heute, ob es eine Sünde sei, wenn man sich gar nicht darüber freut. Es ist doch undankbar. Aber in der Bibel steht, man soll nicht Schätze sammeln, die die Motten und der Rost fressen. So dachte ich am Fenster im Saal darüber nach! Da kam auf der Georgstraße ein Junge, der pfiff die Melodie von «Daisy» – dies Lied ist ja auch jetzt in Bremen Mode geworden – ich sagte die Worte mit, die ich auswendig kann: «– – – it won't be a stylish marriage, for I can't afford a carriage.» Ja, Percy wäre mit mir nur zum Standesamt gegangen, wir hätten keine Geschenke bekommen – aber wären wir darum ärmer gewesen???

Aber nun ist ja alles einerlei, und alles geht den Weg des Schicksals. Nun werde *Du* erst wieder besser, das ist mein Gedanke in jeder Stunde.

Ich küsse Euch alle!
Deine Matti

Brief von Bertha Deneken
an Marga Berck
mit Bleistift

Meine liebe liebe Matti!

Wie gern würde ich Dir nun unseren süßen Wolfgang zeigen! Er hat so große dunkle Augen und schreit sehr selten. Seine Wiege steht meistens neben meinem Bett, nur nachts wird er weggestellt. Mama ist so rührend!

Liebe, süße Matti, hoffentlich kannst Du dies Bleistiftgeschreibsel lesen, das ich in vielen Absätzen fertigbringe. Die Ärzte wollen nicht, daß Du kommst, und John sagt auch jetzt, es würde mich aufregen, weil ich mich ja immer noch so sehr um Dich sorge. Aber John und ich glauben fest, daß Du Rudis Herz ganz und gar erobern wirst, wenn er Dich nur mal erst richtig kennenlernt, wenn er sieht, *wie Du bist,* und wenn Ihr erst mal miteinander allein seid! Die direkten und indirekten Nachrichten von Percy ließen Dich ja auch nie zur Ruhe kommen!! Rede Dir nur nicht immer ein, daß Du *Schuld* an irgend etwas hättest. Das Merkwürdige bei Deiner Geschichte ist ja, daß *niemand* Schuld hat! Deine Eltern wissen von nichts, und Du mußt doch denken, daß die Sache mit Rudi schon spielte, *ehe* Du Percy kennenlerntest. Du hattest doch Rudi damals sehr im Kopf!! Dann schien es mit ihm zu Ende, und in dieser Zeit fiel Dir Percys Liebe in den Schoß, die Dich mitriß. Nachher hörtest Du nichts mehr von ihm und dachtest, es sei aus mit Percy. In *die* Zeit fiel die Nachtmusik von Georg und Elli in der Vahr – Du sahest Rudi wieder und verfielst seiner Macht. *Diese Macht ist ja auch Liebe,* das weißt Du doch auch. Dann ging alles erst mal ganz gut, denn Du kämpftest doch bei Deinen Eltern um Rudi, *vergiß das nicht.* Seine Kühle beschäftigte Dich wohl sehr, aber Du hattest doch den Willen, ihn zu erobern. Da erscheint mitten in dieser Spannung plötzlich im Januar 95 Percy aus London, und in dem Moment begann erst Deine Tragödie. Nachher konntest Du nicht mehr heraus. Du konntest nicht Eisen brechen und keine Katastrophen auf Dich nehmen. Dem warst Du nicht gewachsen, meine arme Matti. All die Liebesgeschichten vorher waren ja *nur* von seiten der Männer: Eugène, Martin, Hans W. und Graf P. Du liebtest *keinen* von ihnen. Daß es Eindruck auf Dich machte, wenn all diese ernsten, wertvollen Männer Dich umwarben, war doch klar, und daß Du oft gezögert hast, war nicht nur Deine Schwäche, sondern es war für Deine 18 Jahre sehr gut zu verstehen!

Für Deine Eltern war alles dies *natürlich* eine Sorge und große Unruhe, und als sie nun mit Rudi nachgaben, wünschten sie, Dich auf dem von Dir eingeschlagenen Wege weitergehen zu sehen. Dein Vater erkundigte sich in Dresden an zwei Stellen nach Rudi, und er erhielt die glänzendste Auskunft. Er las mir selbst die Stelle aus dem Brief des Geheimrat v. S. vor, der ihm schrieb, daß der König von Sachsen bestimmte Zukunftspläne für Rudi hätte, die er aus Diskretion noch nicht verraten dürfe. Nun war das alles glatt, und dann warst Du plötzlich ohne einen ihnen bekannten Grund verändert, so daß sie in Deiner Haltung eine Laune – eine Schrulle sahen. Du bist von Gott und vom Schicksal geführt und wärest jetzt in der Schweizer Verbannung nicht glücklicher!

Ich habe große Angst, daß wir zu Deiner Hochzeit nicht kommen können, es wäre für mich ganz schrecklich. Aber John versprach mir heute früh, falls es wirklich *nicht* sein könnte meines Fiebers wegen, daß er Ende Mai mit mir zu Euch nach Dresden will. Wolfgang bekommt schon andere Milch, da ich fast nichts habe. So kann ich dann gewiß einige Tage fort von ihm.

Dieser Brief fing Freitag an, und nun ist es Montag, ehe er wegkommt, weil ich immer nur kurz schreiben kann. Gott sei mit Dir, meine Herzens-Matti!

Wie immer
Deine Bertha

Bremen, 5. März 1896

Liebste – Einzige!
Heute war Deine Mutter für einen Tag hier, und sie nimmt Dir diesen Brief und die Bettjacke mit zurück. Ich war eine Stunde bei ihr. Ich bin so erschüttert von Deinem Bleistiftbrief. Ach, mein lieber Engel, sorge Dich doch nicht um mich! Das Schreiben greift Dich ja an, und wir sollen doch alles tun, damit Du bald besser wirst. Deshalb komme ich auch jetzt nicht zu Dir! Meine Sehnsucht nach Dir und Baby ist groß, aber wir müssen vernünftig sein.

Gott segne Euch!

In Liebe ist jede Stunde bei Dir
Deine Matti

Meine liebe Einzige!
Heute morgen war ich bei Pastor Portig, der mich bestellt hatte. Ich bat ihn, meinen Konfirmationsspruch in die Traurede aufzunehmen: «Befiehl dem Herrn deine Wege und hoffe auf ihn – Er wird es wohl machen.» Auch der Choral «Befiehl du deine Wege –» soll

gesungen werden, ehe Helene Berard singt. Dann sagte ich ihm, daß keine Blumen in der Kirche gestreut werden sollen – Du und ich, wir möchten nicht auf Blumen treten. Da sagte er: «Ihr beide seid selbst Blumen, und die Blumen sind auch Gottes Kinder.»

Ich bat ihn, ob ich noch einmal unseren Lehrsaal sehen dürfte, wo wir zwei Jahre die Stunden bei ihm hatten, und er nahm mich hinunter. Ja, da war unsere Bank: Du und ich und Elschen und Anna Gruner nebeneinander. Erst fünf Jahre sind es her – – –

Er nahm mich dann unter den Arm und ging mit mir herüber in die Kirche, weil er mir zeigen wollte, wo diesmal die Gäste vorfahren sollen, wegen einer Reparatur an einer anderen Seite – Rudi und ich und die Brautführerpaare an derselben Stelle wie letztes Jahr bei Dir!! Da stand ich mit ihm und sagte: «Letztes Jahr stand hier Bertha mit ihrem Mann, und ein Jahr später gehe ich denselben Weg.» Er merkte, daß ich sehr bewegt war, und sagte dann sehr schöne und ergreifende Worte.

Er schickt Dir so viele innige Grüße und Wünsche.

In großer Liebe
Deine Matti

Bremen, den 7. März 96

Mein lieber Engel!

Bitte schreibe mir keine Bleistiftzettel – ich kann ja sehen, daß Dich das Schreiben angreift. Und *bitte* rege Dich nicht auf, wenn Ihr *nicht* zu meiner Hochzeit kommen könnt. Was ist *ein* Tag im Leben eines Menschen!!! Ich verspreche Dir, tapfer und lieb zu sein, und später sollst Du mich dafür loben. *Ich will nicht weinen,* glaube es mir. «Gott ist bei uns alle Tage bis an der Welt Ende.»

Sicher wird es bald besser mit Dir, aber Du mußt Geduld haben.

Mein lieber Engel, Du schreibst, ich sollte kommen, aber John schreibt, daß Dein Arzt es nicht will, und dann müssen wir uns fügen.

Nun sei geküßt mit Wolfgang
von Deiner Matti

Hier fehlen Briefe

Brief von Dr. John Deneken
an Marga Berck

Hannover, den 12. März 96

Meine liebe Marga!

Diese Nacht habe ich mich zu dem Entschluß durchgerungen, Dir zu schreiben, wie es mit Bertha steht. Und jetzt wollen die Worte mir so schwer aus der Feder. Sie hatte gestern einen Gehirnkrampf, und die Ärzte sagten mir, daß es sehr ernst sei. Dr. Pletzer will es Dir selbst sagen, wenn Du wieder zu ihm gehst. Was nützt es, Dich noch einige Tage hinzuhalten. Der Schock wird um so größer für Dich, je näher Deine Hochzeit herankommt. Liebe Marga, ich habe nur noch wenig Hoffnung. Was die Nachricht für Dich, Du armes Kind, bedeutet, ist mir ganz klar. Wenn sie bei Besinnung ist, fragt sie nach Dir und grämt sich um Dich! Gestern sagte sie: «Wenn Percy nur nicht nochmal aus London angereist kommt.» Heute sagte sie: «Ich komme erst zur Ruhe, wenn sie verheiratet ist.» Du siehst, daß ihre sorgenden Gedanken auch jetzt noch bei Dir sind. Ich bitte Dich, nicht zu kommen – es wäre für Euch beide eine viel zu große Aufregung, und sie soll unbedingte Ruhe haben. Aber schreibe ihr täglich wie bisher. Ich lese es ihr dann im passenden Moment vor.

Nun lebe wohl, Du armes Kind.

Dein John Deneken

Sonntag, den 15. März 96

Mein lieber Engel!

Diesen Brief bringe ich zu Dr. Pletzer, der ihn Dir morgen mitnimmt. Heute holte ich Deinen Vater zur Kirche ab, und wir hörten Pastor Portig. Er sprach über den Bibelvers: «Fürchte dich nicht, denn Ich bin bei dir, Ich habe dich bei deinem Namen gerufen, du bist Mein.» Siehst Du, mein Engel, das sprach er für Dich und mich, die wir jetzt beide in Not sind!

Gräme Dich nicht um mich. Ich verspreche Dir jeden Tag wieder, daß ich nicht mehr weine! Und ich will alles tun, *wie Du es willst*. Ich saß mit Deinem Vater in Eurem Kirchenstuhl und nebenan saßen meine Eltern in unserem, in denen beiden schon unsere Vorfahren gesessen haben. Wir alle beteten für Dich.

Nun laß Dich küssen

von Deiner Matti

Bertha starb am 15. März 1896

Nachwort
von
Hans Harder Biermann-Ratjen

Vierundvierzig Jahre hat Marga ihre Mädchenbriefe, viele mit bunten Bändern verschnürte Päckchen, in ihrer Truhe aufbewahrt, ohne nur ein einziges Mal den Mut zu finden, eines der Bündel zu öffnen: «. . . denn ich wußte ja, welch wunderbare und tragische Erlebnisse sie enthielten . . .»

Bertha und Marga wuchsen auf wie Schwestern, ihre Elternhäuser lagen dicht beieinander, aber da Bertha die Sommer auf dem elterlichen Gute in Mecklenburg verlebte, ergab es sich, daß Marga, die von Einfällen und Erlebnissen übersprudelnde Partnerin dieses Freundschaftsbundes, der still helfenden, warm teilnehmenden Schwester in stürmischen schriftlichen Beichten vom Fortgang ihrer Mädchentage berichtete.

Im Oktober 1940 endlich wurden die Briefe aus der Truhenhaft erlöst, aber nicht, um Begnadigung vor den Augen ihrer Urheberin zu finden, sondern größtenteils, um der Vernichtung anheimzufallen. Nur einige der vergilbten Bündel erfuhren ein besseres Los und durften die Schreiberin auf einen einsamen Heidehof begleiten. Dort aber öffneten sich die papiernen Schleusen, und vor der erschütterten Seele der alten Frau entstiegen den Bündeln die Schemen der Vergangenheit in allem Duft der Jugend, aller Fülle unverwelklichen Wesens, daß sich ihr unter der Wucht dieser Wiederkehr die Zeiten verwirrten und alles Gegenwärtige und Dazwischenliegende der Einsamen entglitt, nur dies Vergangene ihr noch Wirklichkeit und Leben zu haben schien.

Diesem späten Sturme danken wir's, daß von den Berthabriefen doch noch diese letzten erhalten blieben. Denn nun stand es für sie fest, daß an ein Vernichten nicht mehr zu denken war. Aber es war noch ein weiter Weg von dort bis zur Rettung dieser Kostbarkeit ins gebundene, vielfältig vorhandene Buch. Zum Verdienste dürfen wir es uns anrechnen, daß wir in jahrelangem liebevollem Kampfe mit der Schreiberin nicht nur ihre endliche Zustimmung zur Veröffentlichung erreichten, sondern auch, daß die Briefe, außer einer diskreten Änderung der Namen, durchweg vor jeder Korrektur bewahrt blieben. Am Ende siegte der Respekt vor dem lebendig Gewachsenen, der «edlen Form des Zufalls», an welcher jeder wesentliche Eingriff unheilbare Zerstörungen angerichtet haben würde. So können wir die Mädchenbriefe heute als echte Lebensdokumente dem Leser vorlegen.

Doch ist die Bitte an den Leser, besonders an den dieser Geschichte heimatlich verbundenen, nicht überflüssig, er möge nichts außerhalb des Buches suchen, was nur darinnen Schönheit und Wert hat, möge nicht profaner- und indiskreterweise den Versuch machen, Briefgestalten und Urbilder miteinander zu vergleichen oder die Linien der Erzählung sonstwie ins Leben hinein zu verlängern. Denn wo dieses Buch endet, da endet es mit überzeugender Notwendigkeit. –

Blicken wir noch einmal zurück auf das Milieu, das diese Briefe unbewußt bewahren und beschwören. Was besitzen wir an Kunstwerken oder Selbstzeugnissen über die deutsche Bürgerkultur, aus der doch fast alle unsere großen Geister stammen? Goethes «Dichtung und Wahrheit», die Briefe des Humboldtkreises, Kügelgens Erinnerungen, Fontanes große Romane, die Erinnerungsbücher von Rudolf Alexander Schröder, Thomas Manns «Buddenbrooks» und für Bremen etwa noch die Gildemeister-Briefe sind die Hauptpfeiler dieser überliefernden Darstellung, – und sie alle sind Kunstwerke und Wahrheitsdokumente in einem. Nur Goethe aber und Thomas Mann schildern unmittelbar die ausgeprägteste Form deutschen Bürgertums, die reichsstädtisch-hanseatische. Neben diesen großen, vereinzelten Zeugnissen behaupten unsere Mädchenbriefe in ihrer ahnungslosen, aber lebensvollen, ihr Milieu in ganzer Fülle mit sich tragenden Naivität ihren bescheidenen Platz.

Unter allen Städten der Hanse hat Bremen sich die festeste und echteste Lebensform zu schaffen gewußt, die dort noch weit stärker in das gegenwärtige Leben hineinwirkt als im erstorbenen Lübeck Thomas Manns oder im großstädtisch überwucherten Hamburg. Fremde Besucher Bremens bemerken davon freilich kaum etwas, denn die holländisch sauberen, fast nur aus Einzelhäusern bestehenden Straßen, die zurückhaltend einfachen Fassaden verraten wenig davon, welch ein reiches und verfeinertes Dasein sich im Innern dieser anspruchsvollen, gemütlich-lässigen und verhalten-stolzen Bürgerwelt abspielt oder doch gestern noch abspielte. Diese Welt hat noch kaum Schilderer gefunden, aber das siebzehnjährige Mädchen von 1893, die echte Tochter des großen Handelshauses, ist voll von ihrem Geist, ihrer Großzügigkeit und Beschränktheit, ihren Schwächen, Konventionen und Schönheiten. So darf sie klein und kühn, «süß und frech», wie Hans sie nennt, mit ihren Herzensbriefen neben die großen Dokumente der Vergangenheit treten, das Ihre hinzugebend zu der so unvollständig geschriebenen Kulturgeschichte deutschen Bürgertums.

Aber was uns innerlich am tiefsten berührt beim Lesen dieser Briefe, das ist bisher noch nicht gestreift worden. Es wirkt ein Geheimnis in diesen Blättern, das den Freund der Dichtung nicht losläßt und ihm unerklärlich zu sein scheint. Diese Briefe sind ein Lebensdokument, aber zugleich sind sie noch viel mehr, sie sind Poesie! Wie ist das möglich? Kunst und Natur sind zwei grundverschiedene Dinge, wir wissen es und treten dafür ein überall, wo etwa Unverstand diesen strengen Unterschied verwischen will. Ein Leben, eine Gestalt, eine Verkettung von Ereignissen so zu schildern, daß ein Kunstwerk, ein allgültiges, lebenüberdauerndes Gebilde entsteht, dazu bedarf es höchster Intuition und höchsten Kunstverstandes im Nachziehen, Durchführen und Einsparen der Linien, die aus dem unübersehbaren Material, welches selbst der einfachste Lebensausschnitt als Modell dem Künstler liefert, entnommen werden müssen. Man erwäge, was in Goethes «Wahlverwandtschaften», was in Tolstois «Krieg und Frieden» wirklich gesagt wird über Ereignisse, Personen, Situationen, was verschwiegen wird und was ungesagt mitschwingt im geschriebenen Wort – wie oft nur eine zarte Veränderung des Tonfalls, der Belichtung oder Beschattung schwerwiegende Wendungen der Erzählung herbeiführt. Im höchsten Schöpferaugenblick aber verdichtet die Wortfügung sich zum Symbol, – das ist: zu einer Handlung, einem Ereignis, einer Rede, darin neben der nur tatsächlichen, dem Fortgange der Erzählung dienenden Bedeutung eine unendliche Sinnbedeutung greifbar mitschwingt und damit alles Vorhergehende und alles noch Folgende in den Aspekt der Allgemeingültigkeit erhebt. Daß diese Darstellung des Symbols gelinge, das ist das seltene und unverkennbare Signum der Dichtung.

Und doch behaupten wir, daß diese Briefe ein poetisches Kunstwerk seien? Ein «Kunstwerk des Lebens», das Leben selbst als Dichter, – gibt es das? Gewiß gibt es auch eine ungeformte Poesie in den Stimmungen des Lebens, aber sie ist flüchtig, vergänglich wie diese, sie ist ihrem Wesen nach eben nicht Kunst, ist nicht gebannt ins zeitlos Gültige und Dauernde. Nun aber lese man dieses Buch mit bewußtem Kunstverstand, mit kritischem Urteil, und man wird mit Staunen feststellen, daß seine Wirkung der eines Kunstwerkes genau entspricht. Es handelt sich um die Herzensergüsse eines Mädchens, freilich eines mit großer natürlicher Darstellungskraft, scharfem Blick und treffendem Witz begabten Mädchens, – aber sie sind absichtslos geschrieben, frei aus dem Gefühl des Augenblicks, durchblutet von Leben, unverändert wiedergegeben, zudem von Lücken durchsetzt, – und dennoch ist dieses Naturprodukt durchaus «kunstgleich», es fehlt ihm keines der Elemente echter Dichtung:

Wie, gleich eingangs im ersten Briefe, der Leser mitten ins Geschehen geworfen wird, wie er sofort die lebenssprühende, reizvolle kleine Person der Schreiberin aus ein paar wesentlichen Zügen rundherum kennenlernt, wie er im Nu gefesselt wird von der Lust und Spannung ihres jungen Daseins – wie dann in farbiger Veränderung und langsamer Steigerung die drei Vorerlebnisse, jedes auf seinen eigenen Ton gestimmt, präludierend und die Basis der Erzählung verbreiternd hinführen zum Hauptthema – wie in diesem selbst die Figuren kunstvoll und mit souveräner Sicherheit verteilt sind – der kühle, unbewegte Rudi (gleich seine erste Erwähnung geschieht in leichtem Ärger, durch den Anziehung, Abwehr und Beklommenheit hindurchschimmern, und später hat man immer das Gefühl, als trete er selbst gar nicht auf, sondern wandle nur wie ein Schatten über die Szene, sie tragisch verdunkelnd) – Percy sodann, scheinbar nebensächlich in einer Nachschrift eingeführt, die sein Eintreffen meldet, aber sie wirkt wie eine Herzklopfen verbergende List – und mit ihm anhebend im nächsten Briefe die unbeschreibliche Verzauberung der Liebe, die Tage von Lesmona, ein jeder Tag den anderen neu und noch schöner erfüllend, ein jedes Erlebnis höher hinaufführend in die atemraubende Steigerung und tiefer hinein in die herzbeklemmende Verstrickung, bis dann plötzlich des Schicksals Hammer schlägt mit der Frage nach dem Fünf-Jahre-warten-Können – so fein und bedeutsam vorbereitet, wie man sich nun entsinnt, durch die harmlose Liebhaberfrage im allerersten Briefe, ob sie ein Jahr auf ihn warten werde –, und wie nun im folgenden menschliche Unzulänglichkeit und Liebesleid, echte Verzweiflung und ein hilfloses und fast magisches Gebanntsein zu immer volleren Tönen führen, bis am Schluß der entsetzliche Schlag, der die Heldin ihrer letzten Stütze beraubt, ganz unerwartet fällt und die Erzählung endet, während nun der Festakt der Hochzeit, auf den doch alles erschütternd zusteuerte, im unerzählten Zukunftsdunkel verbleiben muß – und wie in dieser so einfachen und raffiniert bezaubernden Erzählung die Nebenfiguren verteilt sind, der köstliche Onkel, die witzige Susi, der treue Max, die wundervolle Linsche, dieser matronenhafte Leporello, – inmitten des Flusses der Hauptmelodie aber ahnungsvoll und tiefsinnig die symbolhaltigen Begleitmotive mitschwingen – der Distelstrauß, das zerbrochene Nachtgeschirr, die Geschichte mit dem Hummer, die geschenkten Schmuckstücke, das wechselnde Betragen der Hunde – dies alles, das dem Leser noch ein zweites Mal vor Augen zu führen unsere Ergriffenheit nun doch nicht umhin konnte, erscheint vom ersten bis zum letzten Worte täuschend wie von der Hand eines großen Meisters der Dichtkunst vorbereitet, durchempfunden, sorgsam abgewogen und unübertrefflich dargestellt!

Es ist auch keine Lösung dieses Rätsels, sondern nur dessen Zurückführung auf den innersten Rätselkern, wenn wir uns hilfsweise darauf berufen, daß hier die starke Persönlichkeit der Schreiberin, deren Strahlung magnetisch die ihr entsprechenden Ereignisse und Schicksale angezogen und um sich gruppiert habe, wohl einmal die ordnende Hand und Vernunft eines Künstlers ersetzt haben könne. Dies bleibt schon wunderbar genug, und das Wesentliche bleibt unauflöslich.

So genüge uns denn die Feststellung, daß ein solches unbewußtes Werk einer Mädchennatur entweder weit unterhalb der Ebene verbleiben muß, in der Kunstbemühungen beginnen, oder aber, in seltenen Augenblicken glücklichen «Zufalls», traumwandelnd mit einem Schlage dort anlangen kann, wo dem Bewußtsein des Künstlers das Letzte, Äußerste gelingt.

Wir sind davon überzeugt, hier, mit diesen Briefen, ein solches hohes Zufalls-Kunstwerk des Lebens in Händen zu halten. In unseren Bemühungen, die Vernichtung dieser Briefe zu verhindern, ihre unveränderte Veröffentlichung durchzusetzen, leitete uns der gewisse Glaube, die Liebesdichtung unseres Volkes bereichern zu können um ein kleines, aber unschätzbar wertvolles Glied, in welchem still und leicht das den Menschen Höchste und Schwerste sich vollzogen hat – die Erhebung eines einmaligen Lebensaugenblicks zum allgültigen Symbol.

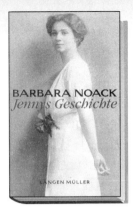

320 Seiten
ISBN 3-7844-2742-1

Barbara Noack

Jennys Geschichte

Die wahre Geschichte dreier Frauen

*Jenny, behütete Tochter aus wohlhabender Hamburger
Familie, kommt in das Berlin der goldenen zwanziger
Jahre, um Gesang zu studieren. Dort begegnet sie dem geist-
vollen Charmeur Björn Jonasson... Das beeindruckende
literarische Porträt einer Epoche, ein Buch voller Spannung,
großer Gefühle und mit dem so unverwechselbaren Humor
Barbara Noacks.*

*Auch als Audiobook erhältlich
ISBN 3-7844-5024-5 (4 Cassetten, 280 Minuten Spielzeit)*

Langen Müller

Linde Salber
Tausendundeine Frau *Die Geschichte der Anaïs Nin* (rororo 13921)
«Mit leiser Ironie, einem lebhaften Temperament und großem analytischem Feingefühl.» *FAZ*

Nancy B. Reich
Clara Schumann *Romantik als Schicksal. Eine Biographie* (rororo 13304)
«Das bisher wichtigste und einsichtigste Buch über die Frau und die Musikerin Clara Schumann.» *Darmstädter Echo*

Serge Bramly
Leonardo da Vinci *Eine Biographie* (rororo 13706)
Serge Bramly erzählt faszinierend das rastlose und extravagante Leben dieses wohl letzten Universalgenies.

Bascha Mika
Alice Schwarzer *Eine kritische Biographie* (rororo sachbuch 60778)
Die Biographie einer der strittigsten Frauenfiguren unserer Nation. « ... Bascha Mikas Buch bietet mehr als Fakten. Es enthält Interpretationen und subjektive Sichtweisen, so wie sie jeder guten Biographie anstehen ... es ist ein faires, informatives Buch.» *NDR 4*

Axel Madsen
Jean-Paul Sartre und Simone de Beauvoir *Die Geschichte einer ungewöhnlichen Liebe* (rororo 14921)

Erika Mann
MEIN VATER, DER ZAUBERER

Erika Mann
Mein Vater, der Zauberer
Herausgegeben von Irmela von der Lühe und Uwe Naumann
(rororo 22282)
Die Geschichte dieser außergewöhnlichen Vater-Tochter-Beziehung wird in diesem Band nachgezeichnet. Mit zahlreichen Essays, Interviews und Briefen.

Kenneth S. Lynn
Hemingway *Eine Biographie* (rororo 13032)

Judith Thurman
Tania Blixen *Ihr Leben und Werk* (rororo 13007)

Ein Gesamtverzeichnis aller lieferbaren Titel der *Rowohlt Verlage, Rowohlt · Berlin, Wunderlich* und *Wunderlich Taschenbuch* finden Sie in der **Rowohlt Revue**. Vierteljährlich neu. Kostenlos in Ihrer Buchhandlung oder im **Internet**: www.rowohlt.de